商务英语学科教师专业发展论

Teacher Professional Development
for Business English
As a Discipline

◎鲍文 著

国防工业出版社

图书在版编目(CIP)数据

商务英语学科教师专业发展论/鲍文著.—北京:国防工业出版社,2013.12

ISBN 978-7-118-09277-6

Ⅰ.①商... Ⅱ.①鲍... Ⅲ.①商务-英语-外语教学-师资培养-研究 Ⅳ.①H319

中国版本图书馆 CIP 数据核字(2013)第 296097 号

※

国防工業出版社出版发行

(北京市海淀区紫竹院南路 23 号 邮政编码 100048)

国防工业出版社印刷厂印刷

新华书店经售

*

开本 880×1230 1/32 **印张** 7⅞ **字数** 350 千字

2013 年 12 月第 1 版第 1 次印刷 **印数** 1—2000 册 **定价** 48.00 元

国防书店:(010)88540777 发行邮购:(010)88540776

发行传真:(010)88540755 发行业务:(010)88540717

浙江工商大学高等教育研究课题和浙江省英语语言文学重点学科资助出版

PREFACE 前言

商务英语应中国时代发展需求已经成为新兴的交叉型学科，其教育目标是使学习者具备在国际商务环境中用英语开展国际商务沟通、解决国际商务实际问题的复合能力。这个目标与传统的英语语言文学的教育目标迥然不同。

教师是培养学生的主体，是教学模式改革的主导者。商务英语学科建设和专业发展的关键在教师。优质的商务英语教师，是新兴商务英语学科健康而有序发展、保障优良教学质量的根本保证。商务英语教师专业发展具有很强的时代紧迫性和重大现实意义。

然而，目前中国商务英语师资情况不容乐观，具体表现在：①商务英语专业历史短，专任教师学历背景要么是英语专业，要么是经贸类专业，转而从事商务英语教学有些力不从心。②商务英语教师大多还延续英语专业教学模式，满堂灌为主，教学重点与商务实践经常脱节，难以激发学生的学习兴趣。③商务英语教师提升商务英语专业知识和能力的动力不足，专业信念尚未确立，课堂教学内容即时拓展能力缺失。这些问题不断困扰着商务英语教师的专业素质提升，制约着商务英语专业的深入健康发展。

作为学科和专业，商务英语在中国具有独享的地位和责任，因为国外商务英语教学从属于专门用途英语，尚未独立成为学科。所以，我们难以从国外商务英语教师专业发展研究成果中获得对应指导。中国的商务英语学科尚在初始阶段，学界研究商务英语教师专业发展的成果甚少，还处在校方的教师培训层面，并未真正触及商务英语教师专业发展和能力持续提升的本质问题。

本书依据国内外教师专业发展理论，探索商务英语教师专业发展路径，构建商务英语教师专业发展机制。全书分为7章，第1章"绪论"分析了商务英语学科和专业教学特征，界定商务英语学科教师专业发展概念和内涵；第2章"商务英语学科教师专业素质结构"分析了商务英语学科教师应具备的专业知识结构、专业能力结构和专业素养结构；第3章"商务英语教师自我指导学习发展机制"基于人本主义理论和自我导向学习理论，研究了商务英语教师自我指导学习概念、内涵、特征、模式和策略；第4章"商务英语学科教师反思与行动发展机制"基于教学反思理论和行动研究理论，阐述了商务英语教师反思与行动发展概念、内涵、特征、模式和方法；第5章"商务英语学科教师群体合作发展机制"基于社会互赖理论和建构主义认知发展论，探讨了商务英语教师群体合作发展概念、内涵、特征、模式和策略；第6章"商务英语学科教师校本培训发展机制"基于学习型组织理论和终身教育理论，提炼了商务英语教师校本培训发展概念、内涵、特征、形式和方法；第7章"商务英语学科教师社会体验发展机制"基于社会学习理论和体验学习理论，厘清了商务英语教师社会体验发展的概念、内涵、特征、方式和促进策略。

本书深入分析和透彻研究了商务英语学科教师专业发展规律、途径、模式，系统构建了商务英语学科教师的五种专业发展机制，理论与实践并重，具有理论创新和实践探索的双重价值。

本书广泛借鉴了国内外众多教师专业发展理论和教育教学理论，笔者的许多思考和认识均受益于这些理论成果的启迪，笔者的研究心路历程中处处有这些前人思想的启示，在此深表谢意。

本书是商务英语学科第一部商务英语教师专业发展专题论著，但必定不会是唯一，后续研究成果必将不断涌现。笔者愿与商务英语学界同仁就此论题共同探索，为欣欣向荣的商务英语学科发展奉献智慧。

本书写作过程中得到了浙江工商大学外国语学院领导和同事的热忱鼓励、鼎力支持，也得到了浙江省英语语言文学重点学科和浙江工商大学高教研究课题资助，更得到了国防工业出版社刘汉斌编辑的大力帮助，铭感不忘，谨致谢忱！

鲍 文

2013 年 11 月于杭州

CONTENTS 目录

第1章 绪论

研究商务英语学科教师专业发展，首先需要阐明和厘清商务英语学科、教师专业发展等相关问题，依此界定商务英语教师专业发展定义、内涵，指导英语教师专业发展的理论研究和机制构建。

1.1 商务英语学科概述

1.1.1 商务英语

商务英语最早在英语国家提出，指人们从事商务活动所使用的英语或用来表示用于商务活动的英语（English for business 或 English used in business contexts）（Jones & Alexander，1994），以区别于普通英语。

20 世纪中叶，第二次世界大战结束后，人类社会开始进入了一个前所未有的、大规模的科技和经济高速发展的时代。高速发展的科技和经济推动着整个人类社会的发展。这种社会发展的新形势和新情况需要一种能在国际上比较通用的语言来反映，使世界各国人民在科技和经济发展中沟通思想，开展政治、学术、经济、社会发展、文化等方面的交流，推广各领域的研究成果。

随着世界经济社会的不断发展，英国和美国的母语——英语广泛应用于国际间商务活动与交流的各个领域。英语以服务国际商务活动为目标，受到广大从事国际商务活动的人们的普遍认同与接受。国际商务活动中，英语的使用涵盖了与其相关的各领域，包括国际营销、国际金融、国际会计、国际审计、国际税收、国际结算、国际投资、国际物流、知识产权、电子商务和贸易法律等。国际商务活动中使用的英语不仅在词汇、语法资源等的选择方面有一定的特征，而且具有鲜明的意识形态、礼貌体制、话语形式，与一定的商务背景知识相联系，具有明确的目的性。因此，英语在国际商务活动的使用中，越来越有别于普通英语，形成一个特殊的交际系统，具有独有的特征，成为英语语言的一种功能变体——商务英语。

商务英语不是一种独立语言，而是英语的一种变体，是专门用途英语的一个分支，是用于跨文化国际商务活动的交流工具语言。商务英语是商务环境中应用的英语，与国际商务活动密切相关，其内容覆盖与国际商务相关的一切领域，如经济、管理、法律、政治、外交、媒体、社交，等等。商务英语是一种专门化的语言，语言的专门化表现在国际商务英语词汇、句法和语义等方面（鲍文，2009）。

1.1.2　商务英语学科

作为国际商务活动中的通用语言，商务英语在国际商务交流活动中的应用越来越广泛。社会对国际商务英语需求与日俱增，对商务英语人才需求不断增加。商务英语教学（教育）作为培养国际商务英语人才的重要方式，也因此从无到有，逐渐发展起来。

中国的商务英语学科最初由20世纪50年代的商务英语教学发展而来，其教学已经历了50多年的历史。然而，直到中国的改革开放，商务英语教学才得到快速发展。20世纪80年代，随着中国市场经济体制确立并逐渐完善，经济全球化进程加快，中国加入世界贸易组织，中国经济逐步与世界接轨，进出口贸易量迅速加大，中国与其他国家和地区的国际商务活动日益增多，社会各界开始急需能够用英语直接从事国际商务的人才。为满足这种需求，高校大量开设涉及国际商务各个领域的商务英语类课程，从而促进了商务英语课程体系逐步形成。

进入21世纪以来，中国作为世界贸易组织成员国，经济上与世界各国的联系进一步密切。我国对从事国际商务活动的应用型人才的需求不断扩大，质量要求不断提高。近10年来，越来越多的高校把英语专业设置为国际商务英语方向或外贸方向，招生数量大增。由英语专业设置为国际商务方向或外贸方向所带来的毕业生就业率大大提高，给商务英语的大发展增添了活力。目前，全国已有800多所高校的英语专业设有经贸英语或商务英语方向，开设了大量商务英语类课程，使学生的英语应用能力得到加强，深受用人单位欢迎。

2007年国家教育部批准商务英语本科专业，确立了国际商务英语的独立学科地位。迄今，我国已有对外经济贸易大学、上海外贸大学、广州外语外贸大学等146所院校获得商务英语专业本科的招生资格。从20世纪50年代开始到20世纪80至90年代的国际商务英语课程教学和系列课程，再到2007年以后的商务英语本科专业，国际商务英语从无到有，从教学到科研，学科理论与实践不断积累和深入，学科系统框架初步形成。

商务英语学科是以语言学与应用语言学为理论指导,涉及多门类、跨学科的交叉性综合体,是英语的一种重要功能变体,也是专门用途英语的一个重要分支。商务英语学科除了涵盖英语语言学科内容外,还涉及心理学、社会学、经济学、管理学、法学、教育学、计算机科学等诸多学科。

商务英语学科是中国高校为适应中国改革开放和经济全球化发展而设立的新型交叉性学科。根据商务英语学科的研究对象,从目前商务英语的发展现状来看,商务英语主要研究英语在国际商务中的应用,其落脚点在英语上。商务英语又是英语的一种重要功能变体,也是专门用途英语的一个重要分支。商务英语从本质上姓"英",是商务环境下的英语。它是研究在国际商务领域和活动中英语的使用和以此为教学内容的教学体系,培养的是国际商务活动中具备交际行为能力的商务英语专业人士。因此,它归属于应用语言学学科之下,在外国语言学和应用语言学理论指导下。商务英语的最终落脚点是语言学,是语言学的一个下属分支,其教学与研究应遵循语言学的规律和理论基础。

商务英语学科的研究内容除了包括对语言本身之外,还涉及文化、经济、贸易、管理和法律、计算机等学科的交叉研究。这些学科与国际商务英语相互作用、互相依存,形成了相互支持、互相依托的关系。商务英语的交叉性决定了这门学科内涵的广泛性与多层次性。广泛性的内容包括商务英语所涉及的相关领域的学科知识和理论体系。这些知识和理论交叉的综合体不是指所涉及各种学科的全部,不是包括这些学科的所有内容,只分别涉及上述各种有关学科的部分的最基本的内容,是那些能够用于或服务于培养或构成国际商务英语专业人才知识结构的知识体系及其方法、理论。也就是说,它只是上述学科的部分内容的综合,而不是全部内容的综合。这种交叉的综合外体,既表明它的独立性,说明它是一种新的独立学科,也表明它的综合性,说明它与相关门类有多方面的错综和交叉。

与专门用途英语的其他种类如科技英语、社科英语等相比,除了具有专门用途英语的基本特征以外,还具有许多不同之处。商务英语学习涉及的内容不仅是语言的听、说、读、写、译等方面,更重要的是它还包括学习者学会如何在商务领域做事的内容,这是其他的专门用途英语所没有的特征。皮克特(D. Pickett)指出:商务英语是一种工作语言,是普通大众语言和技术语言之间的一种中介语言(mediating language),涉及与普通大众的沟通,又有企业之间的沟通,还有技术语言本身,所以内容范围更加广泛。商务英语学科培养具有在国际商务领域和活动中行为能力(professional expertise in international business)的人才,话语能力是其终极目标,上述所涉及的各学科是商务英语的基础。因此,商务英语是一个新兴的应用交叉性学科。

1.1.3　商务英语教学特征

商务英语是商务环境中应用的英语,与国际商务活动密切相关,内容覆盖与国际商务相关的一切领域,如经济、管理、法律、政治、外交、媒体、社交,等等。商务英语的本质具有三个层面。其一,商务英语是商务环境下的英语,本质上它姓“英”,落脚点应该在英语语言上。其二,商务英语又是英语的一种重要功能变体,也是专门用途英语的一个重要分支,具有专门用途英语的一切属性。其三,商务英语又具有职业英语的特点,它是一种工作语言,涉及与普通大众的沟通,国际商务活动的交流沟通,还有技术语言的本身。

据此，商务英语学科的教学目标是培养学生在国际商务领域和活动中行为能力，其终极目标是学生走上工作岗位后能熟练应用英语开展国际商务活动，获得与其社会目的相关的国际商务沟通与行为能力。因此，商务英语专业教学不仅具有英语专业教学的特点，即培养学生具有扎实的英语听、说、读、写、译的基本语言能力，而且具有 ESP 以及职业用途英语（English for Occupational Purposes）教学的特点。

鉴于此，商务英语教学应以学生未来职业和发展的需要为出发点，以满足学生未来职业需求为目的，建立专门的针对商务英语的理论作为研究和教学的指导思想和和行动指南。商务英语教学既有语言教学的一般特征和要求，也具有专门用途英语的教学的属性，还具有商务英语技能教学特征。

首先，商务英语与普通英语同是一种语言，两者都具有基本词汇、句法、语篇等层次上的语言共核部分。因此，其教学同样具备语言教学的一切特征和要素，其教学首先应按照语言教学规律，并用其指导商务英语的教学实践。

第二，由于商务英语与专门用途英语的共性特征，应当以专门用途英语的理论为指导，采用其理论的框架进行教学。鉴于专门用途英语的特征，哈金森和沃特斯（T. Hutchinson & A. Waters）指出，交际法是专门用途英语教学中行之有效的教学方法，因为它主张在符合实际的交际过程中学习语言，学用结合（T. Hutchinson & A. Waters, 1987）。作为专门用途英语的一种，商务英语教学也应遵循专门用途英语的教学规律，遵循语言教学和专门用途英语的教学原则与方针。

第三，商务英语绝不局限于专门用途英语，不能脱离商务环境，通常是某个特别工作或行业相关的特定内容与一般有效沟通能力相关的一般内容的混合(Ellis & Johnson, 1994)。商务英语教学内容更倾向于语言功能和语言活动,强调语言的输出和语言交际能力的培养,教学目的是使学生获得与其社会目的相关的国际商务沟通与行为能力。它是将英语作为一种手段或工具进行国际商务沟通并解决实际国际商务事务,是一个跨学科的领域,与经济、贸易、营销、法律、管理、信息等领域相关联。商务英语教学既是一种普通英语教学,又是专门用途英语教学,更应该是一种国际商务英语技能教学。

商务英语作为英语的一种变体,有着丰富的内涵和学科基础,涉及广泛的领域。商务英语与商务知识是一个相互联系、相互渗透、互相依存、密不可分的有机整体。因此,商务英语教学中,英语语言是基础和依托,国际商务知识与商务技能掌握是学习的延伸。商务英语学习者既要研究和学习英语语言,又要掌握具有整体性的商务知识。

1.2　商务英语学科师资现状与问题

我国商务英语学科的发展时间不长,没有现成的师资储备。为满足商务英语专业教学迅猛发展的需要,高校商务英语专业吸收来自不同背景的教师。

商务英语学科教师队伍的学历背景非常复杂。据统计,各高校商务英语专业教师们所学过的专业有英语语言文学、商务英语、经济学、英语教育、传播学、法律、教育学等,而且,本科与硕士的专业组合模式也是多种多样。商务英语教师的专业背景大致有以下几大类:

第一种是教师学历背景为英语语言文学专业本科和英语语

言文学专业硕士,简称为“英本 + 英硕”背景,这是目前占高校商务英语专业教师比例相对较大的专业背景。

第二种为本科为英语,硕士研究生为商务(经济学)相关专业,或反之,简称为“英 + 商”或“商 + 英”背景。

第三种是本科和硕士均为商务相关专业(统称为经济学专业),但教师对商务英语专业感兴趣,同时其英语基础不错。这一种简称为“商 + 商”背景。

第四种为本科英语语言文学专业,原来是英语专业教师,转型到商务英语专业,简称为“英本”背景。

第五种为本科为英语专业(商务方向),简称为“英商本”背景。

第六类为本科为经济类专业,简称为“经本”背景。

第七类为其他来源,如从社会企业转型进入高校从事商务英语教学工作的教师,或一些从国外聘请来的商务英语外教,以及其他来源。

从上述商务英语师资现状来看,存在诸多问题:

首先,商务英语师资的知识结构不合理,不能完全满足商务英语专业教育教学的需求。上述商务英语教师来源大体有三类,然而每一类都有其知识结构盲点区。

第一类是纯英语语言类背景教师转型成为商务英语教师。由于社会市场对商务英语人才的大量需求和商务英语专业良好的就业前景,学校教学改革,在原有的英语专业基础上增设了商务英语方向或专业。商务英语是新发展的学科,一般高校将商务英语专业归入外语系或外国语学院,能够有实力和师资独立成立商务英语学院的学校不多。这些教师出于自身研究兴趣,或者是出于学校的工作需要等原因,从原来的英语教师转成了商务英语教师。这一类纯语言出身的教师的优势是英语语言功底很强，英语教学教法娴熟。然而，由于缺乏国际商务背景，他们在商务方面的知识贫乏。通常在这些教师上岗之前，学校会进行有针对性的短期培训，但他们当中的大多数还是主要靠自己的业余时间自主学习。目前，这一类教师是我国高校商务英语师资队伍主要力量。

第二类是来自于大专院校经济贸易系，也就是本科或本科和硕士均为商务（经济学）相关专业的教师。他们对商务英语感兴趣，从原来的经济学等相关学科转为商务英语教师。这类教师具有良好的国际商务学科背景，国际商务理论与实践知识都非常多。但是，这类教师的最大问题是英语语言功底不够强。商务英语是英语的一种变体，属于专门用途英语范畴，基础和落脚点还是在英语上。商务英语课堂以英语授课为主，英语语言能力与教学能力是本。缺乏良好的英语语言知识与语言能力，缺乏一定的语言输入的理论和方法和现代教学法理论，纵有再多的商务知识和背景，也难以很好地胜任商务英语专业的教学工作。另外，这些教师未经过系统的商务知识培训，缺乏相关企业工作经验和行业背景知识，对学生未来就业岗位也缺乏全面了解，因此也无法在商务实践教学中给学生以良好的示范和指导。

第三类是新招聘的英语专业（国际商务英语方向）毕业生。他们具备比较系统的国际商务英语理论知识和技能，工作积极性高，与学生沟通效果好，能够熟练掌握网络、多媒体等现代化教学手段。由于是英语专业（国际商务方向），他们已比原来纯英语专业出身的师资在知识结构和能力水平上要优秀很多。我国高校商务英语真正作为专业招生试点是在 2007 年，到目前也只有三届毕业生，而且为数很少，只有几所高校。目前这些高校毕业的商务英语学生能真正从事高校工作的极少，大多进入国际商务相关的工作岗位。即使少量的毕业生进入高校从事商务英语教学，也由于刚踏入教师职业，教学经验相对不足，面临巨大挑战和心理压力，需要在英语教学实践、国际商务知识及国际商务行业三方面锻炼和提高。同时，这些教师还需要进一步深造，提高其学历。然而，也就是这些新教师是未来商务英语学科发展的主要力量和生力军。

还有一种情况是曾有过公司工作经验，转行到大学做教师的人。这类教师具有相当丰富的实际工作经验、较高的实际操作水平和深厚的专业理论基础，他们了解国际商务的运作模式，与国际商务企业、单位关系密切，是国际商务英语实践教学的中坚力量。但由于缺乏系统的教学理论知识和教育实践，他们的教学方法和教学手段略显单一，教学的基本素质、授课技巧等有待提高，因此，对于商务英语教学往往显得力不从心。

第二，商务英语教学理念滞后，教学效率低下。由于大多商务英语教师学历背景为英语专业，商务英语教师大多围绕语言教学理论和模式开展教学，方法陈旧，教学重点与商务实践经常脱节，难以激起学生的兴趣。这些教师往往倾向于在课上过多地讲授语言知识，进行语言操练。商务英语中存在着很多隐性知识，如果不懂商务学科知识、行业操作惯例、程序等，教师对商务英语中的商务知识的作用过程不敏感，就不会真正启发学生从完成商务活动的角度来考虑问题。由于国际商务知识和行业背景的不足，加上多年来讲授英语课形成的习惯，当遇到较为专业的商务问题时，他们大多只能照本宣科，难以居高临下、深入浅出地将这些问题阐释给学生，教学效果就会大打折扣。同时，语言背景出身的教师对国际商务英语这样的专门语言，没有国际商务知识做基础，很难将商务英语学习置身于真实的国际商务场景中。再者，这些教师未经过系统的商务知识培训，缺乏相关企业工作经验和行业背景知识，对学生未来就业岗位也缺乏全面了解，因此也无法在商务实践教学中给学生以良好的示范和指导。

第三，教师提升商务英语专业知识和教学技能的动力不足，改革意识不强，专业信念不强。商务英语教师来源和背景复杂，动机多样。商务英语教师在专业发展上都有些迷茫，不知怎样将英语知识和商务知识进行复合，怎样转型。商务英语教师的商科知识或英语技能不足，可以通过系统进修全面提高，但当前商务英语教师上课多，科研弱，系统学习和进修的内在动力和外在时间都不足，教学上基本处于疲于应付的状态。目前，各高校多是出于市场需求，在积极申报和发展商务英语专业。但是，由于商务英语专业的应用性和跨学科交叉性，传统英语学术界还没有完全接纳和认可商务英语，目前还存在商务英语教师在科研上被边缘化现象。

第四，教师课堂教学的判断和决策力不足。许多商务英语教师学科知识比较狭窄，所选取的教学内容和手段随心所欲，将学科知识转化为因材施教的有效教学形式的能力尚待提高。目前我国商务英语教师队伍，在商务英语语言知识、商务英语教学技能、商务英语研究能力等方面的整体水平都不高，导致教师对教学理念、教学理论知识和教学基本功等方面的知识都缺乏准确把握，缺乏商务英语教学专业特色。

第五，教师教学研究能力薄弱。商务英语教师需要通过科研提升自己的学科能力，而科研能力是许多商务英语教师的弱项，很难从商务与英语结合形成的学科中找到科研的切入点。这一方面是由于商务英语研究起步较晚，更主要的原因是商务英语作为应用型学科,其整个学科理论体系还没有完全建立起来,多数从事商务英语教学和研究的教师还没有掌握把教学实践和理论很好结合的科研方法,或没有明确的研究方向,导致其教学研究泛泛而谈,难以深入。

这些问题不断地影响着商务英语教师的专业素质的成长,制约着我国商务英语学科的深入健康发展。因此,研究解决商务英语教师专业发展的问题,是加强商务英语专业建设的关键,是商务英语学科建设的第一要务。

1.3 商务英语学科教师专业发展内涵

1.3.1 教师专业发展

“教师专业发展”(teacher professional development)伴随着“教师专业化”(teacher professionalization)的确立而提出。1966 年联合国教科文组织和世界劳工组织发表了《关于教师地位的建议》,确立教育工作为一种专业。这种专业要求教师经过严格且持续不断的研究,才能获得并维持专业知识和专门技能。20 世纪 80 年代以后,很多国家都加快了教师专业化建设的步伐,提出了具体的建设标准和目标。其主要内容包括:一是专业自身的成熟程度、分化程度、涵盖专业知识、技能成熟程度,专业组织、制度成熟程度和专业精神水平等;二是专业的经济待遇、社会地位和专业声望以及由此形成的职业吸引力等。教师专业化的提出,旨在提升教师专业水平和能力,提高教师的职业地位的目标,得到国际社会的重视,而教师的专业化的途径和过程即为教师专业发展。

教师专业发展的概念最早在西方国家提出。早在 20 世纪初,美国教育家杜威(J. Dewey)就提出了关于持续发展教育及反思性思维的思想,这是“教师专业发展”概念最初的萌芽。

教师专业发展概念和内涵经历了一个不断发展和不断完善的过程。国内外学者从不同角度界定教师专业发展内涵。

霍伊尔(E. Hoyle)认为,教师专业发展是指在教学职业生涯的每一个阶段掌握良好专业实践所必备的知识和技能的过程(Hoyle, 1980)。

佩瑞(P. Perry)将教师专业发展归纳为:教师专业发展意味着教师个人专业生活中的成长、信心的增强、技能的提高、对所教学科知识的不断更新拓宽和深化,以及对自己在课堂上为何这样做的原因意识的强化(Perry, 1980)。

富兰和哈格里夫斯(M. Fullan & A. Hargreaves)指出:教师专业发展既指通过在职教育或教师培训而获得的特定方面的发展,也指教师在目标意识、教学技能和与同事合作能力方面的全面进步(Fullan & Hargreaves, 1992)。

利特尔(J. W. Little)则将教师专业发展阐释为:对教师专业发展的研究有两种截然不同的路径:一是教师掌握教室复杂性的过程,这些研究主要关注特定的教学法或课程革新的实施,同时也探究教师是如何学会教学的,他们是如何获得知识和专业成熟,以及他们如何长期保持对工作的投入等;二是侧重研究影响教师动机和学习机会的组织和职业条件(Little, 1993)。

兰格(D. L. Lange)总结了教师发展内涵,认为教师发展是“教师的智力、经验及观点可持续发展过程”(Lange,1990)。其核心内容是反思和发展(reflection & development)。也就是说,教师发展内涵和外延同时进行,内涵发展即通过个人实践和反思,外延发展即借鉴他人的经验和理论(Graves, 1996)。

中国学者对教师专业发展的内涵也做了多方面的探讨。

唐玉光(1999)认为,教师的专业发展这一概念把教学工作视为一种专门职业,把教师视为一个履行教育教学工作的专业人员。要成为一个成熟的教育专业人员,需要通过不断的学习与探究历程来拓展其专业内涵,提高专业水平,从而达至专业成熟的境界。

叶澜等(2012)认为,教师专业发展就是教师的专业成长或教师内在专业结构不断更新、演进和丰富的过程。

宋广文等(宋广文,2005)从教师本位观提出教师发展观点:教师专业发展是指教师个体的专业知识、专业技能、专业情意、专业自主、专业价值观、专业发展意识等方面的由低到高,逐渐符合教师专业人员标准的过程。

刘秀江和韩杰(2003)认为教师专业发展内涵为:①教师是专业人员。教师工作是一种服务公众的形态,它需要教师的专门知识和特殊才能,而这些知识和才能要经过长期持续努力与研究,方能获得与维持。因此,应当把教师工作看作是一门专业。②教师是发展中的人。教师的专业成长是一个终身学习、不断解决问题的过程,是教师的职业理想、职业道德、职业情感、社会责任感以及教育理解力、教育实践能力、教育经验等不断成熟、不断提升的过程。教师的专业成长集中代表了教师发展的意义。③教师是学习者。教学与其他职业一样,是一种学习的职业,从业者在职业生涯中自始至终都要有机会定期更新和补充他们的知识、技能和能力。④教师是研究者。随着时代的发展,教师职能的转变,教师工作已不是单向的文化传递,而是文化的融合、精神的构建、主体间的相互理解。因此,没有反思的教学,缺乏研究的教育,已不能满足未来的要求。研究回归教师是历史的必然。

罗水清(2005)认为,教师专业发展乃是教师提升专业水准与专业表现而经自我抉择所进行的各项活动与学习的历程,以促其专业成长,改进教学效果,提高学习效能。

孙芳明等(2003)则将教师专业发展归纳为:教师专业发展是一个动态的、不断流变和革新的过程,就国内外有关的研究来看,主要有三种理解。第一种是指教师的专业成长过程。第二种是指促进教师专业成长的过程。第三种是第一种和第二中的融合,教师专业发展是一个过程,是教师内在专业结构不断更新、演进、丰富的过程;教师专业发展也是一种目的,它帮助教师在受尊敬、支持、积极的氛围中促进个人的专业成长。

以上是中外学者对教师专业发展的界定和诠释,尽管教师专业发展的定义并不一致,但归纳起来笔者认为:教师专业发展是教师专业化或专业性的过程,其核心是教师个体内在专业性的提升。它是教师的专业成长或教师内在专业结构不断更新、演进和丰富的过程。其内容一是指教师的专业成长过程;二是指促进教师专业成长的过程(即教师教育)。作为专业成长过程,教师专业发展是多侧面、多等级层次的发展过程;作为教师教育过程,教师专业发展也具有多种层次。

目前,有关教师发展相似的概念和说法较多,常见的有专业成长(professional growth)、教师发展(teacher development)、职业发展(career development)、教师培训(teacher training)和教师教育(teacher education)。事实上,每一种表述,都从某一个侧面诠释了教师专业发展的内涵。还有一些国内学者认为教师专业发展仅指教师内在的反思和自我发展,将外在的培训和训练排除在外,这是教师专业发展的狭义概念。而将教师的个体内在专业成长过程和促进教师专业成长的过程(即教师教育)结合起来的内涵则是教师专业发展的广义概念,也就是外在的教师培训教育与内在教师自主发展相结合的发展过程。

1.3.2 商务英语学科教师专业发展定义

商务英语的学科属性以及教学特性对其教师知识结构、教学能力、教师素质具有多方面的要求。根据上述教师专业发展理论的分析,我们可以推导出商务英语学科教师专业发展概念,即商务英语学科教师发展是商务英语教师专业化或专业性的过程,旨在商务英语学科教师个体内在专业性的提升。它是商务英语教师个体在其职业生涯中依托专业组织,通过不断训练,获得内在专业结构不断更新、演进和丰富的过程,其内涵包括商务英语教师的专业成长过程和促进教师专业成长的过程,而这两个层面的教师专业发展都是多侧面、多等级层次的发展过程。具体来说,商务英语教师专业发展内容涵盖商务英语专业素质、商务英语专业技能、商务英语专业精神。

本研究侧重于商务英语专业素质,即商务英语专业知识、商务英语专业能力、商务英语专业情意、专业自主的教师专业发展等。

1.4 商务英语学科教师专业发展意义

商务英语教师专业发展是商务英语教育事业发展的需要,是社会对商务英语教师教学质量提高的需求反映,是信息时代发展对人才培养的需要,是商务英语教师职业发展能力的需要,具有重要的宏观战略意义和现实意义。

首先,商务英语教师专业发展是商务英语教育教学发展的需要。商务英语专业“以英语运用能力为核心,以专职行业为背景,以国际商务沟通能力为支撑,以实践能力培养为主线”,培养具有较强的英语语言应用能力,了解生产经营过程和相关产品的技术标准,掌握国际贸易的知识与技能的高等应用型专业人才。因此,商务英语既是一门综合性很强的学科,也是一门应用性很强的学科,还是需要“处理商务与英语语言的交叉平衡关系的学科。商务英语学科容易偏重带有实践性的实证性研究,但事实上,理论研究也不能被忽视,因为只有理论才能指导实践。指导实践的过程实际上也是对理论的检验过程”(翁凤翔,2007)。

根据英国商务英语专家布里哲(N. Brieger)的“商务英语范畴理论”,商务英语应包括五个方面的知识:语言知识(language knowledge)、交际技能(communication skills)、专业知识(professional content)、管理职能(management skills)和文化背景知识(cultural awareness)。商务英语学科的培养目标和学科属性对师资提出了很高的要求。而目前我国商务英语教师的师资现状存在很多问题,如上文探讨的商务英语师资的知识结构不合理问题、商务英语教学理念滞后、教学效率低下、教师提升商务英语专业知识和教学技能的动力不足、改革意识不强、专业信念不强、课堂教学的判断和决策力不足、教学研究能力薄弱、缺乏科研意识和科研精神等问题,迫切需要商务英语教师进行自身专业发展,提升商务英语教学能力,满足学校、社会对商务英语教师提高其教学质量、教学效益的需求。

第二,商务英语教师专业发展是商务英语课程教学改革的需求。商务英语教学由英语教学脱胎而来,但其教学与普通英语教学既有相同之处,又有不同之处。普通英语教学以培养语言技能为目的,使学生获得英语的听、说、读、写、译五项基本技能的日常场景的英语交际能力。商务英语教学则培养学生将英语作为一种手段或工具进行国际商务沟通,并解决实际国际商务事务的应用能力。商务英语以普通英语为基础,普通英语教学是国际商务英语教学的依托和基石。商务英语只有在发展学生普通英语基础知识之上,才能进一步针对学生的实际需要,培养学生运用英语进行国际商务活动的工作能力。商务英语教学需要满足学习者的需求、实现教师的教学目的。商务英语这种语言功能效应,反映在教学中,着重陈述观点、发表意见、宣传鼓动等具有国际商务特点的语言交际。也就是说,商务英语教学集学语言、学专业知识、学国际商务交际为一体,学习的专业性和目的性非常明显。这些都体现在与普通英语所不同的教学手段与方法上。因此,沿袭传统的英语教学模式和陈旧的教学手段已不能满足商务英语学科教育教学的要求,商务英语教师需要进行教育教学改革,积极寻求职业发展,革新和创立商务英语教学方法和教学手段,不断提高自身的职业水平以适应商务英语教育改革与发展的需要。

第三,商务英语教师专业发展是促进教师全面成长的必要手段。商务英语教师专业发展能够促进教师素质的全面提升和个人潜能的充分发挥。首先,通过商务英语教师专业发展,教师完善合理的知识素质结构,获得比较全面、精深的商务英语学科知识,商务英语学科的基础理论和知识结构。其二,通过商务英语教师专业发展,教师完善和提升商务英语教学技能和能力,获得将学科体系知识和技能分解能力,和据此因材施教的能力。其三,通过商务英语教师专业发展,教师获得商务英语的职业情感,良好的教师职业道德规范,和宽容大度、善解人意、乐观向上的个人品格。再者,通过商务英语专业发展,教师获取对自己教学的反思意识和探索精神,具有主体意识,充满研究和创造精神,从教书匠变成帮助学生学习商务英语专业知识、掌握商务英语能力的，培养全面成长的、满足当今社会需求的学生的教育研究者。

第四，商务英语教师专业化是世界教师教育的发展趋势。自 20 世纪 60 年代，特别是 80 年代以后，为大幅度提高教师专业化水平，教师专业化运动已经成为世界各国提高教师教学质量的主导运动。1996 年的联合国教科文组织和国际劳工组织联合通过了《关于教师地位的建议》。《建议》强调“教师应被视为专业”，确立了教师在整个职业生涯中，应通过终身专业训练，获得教育专业知识技能，实施专业自主，表现专业道德，并逐步提高自身从教素质，成为一个良好的教师专业工作者成长的专业过程。培养具有专业化水准的教师成为国际教师教育改革的目标。教师专业化过程贯穿在整个教师职业生涯当中，教师专业发展是一种“动态”发展的过程。目前，我国商务英语教师还远远没有达到专业化标准的要求，必须改革和发展教师教育，开展商务英语教师专业发展活动，推进商务英语教师专业化进程。

第五，商务英语教师专业发展是现代教育发展的要求。传统的教育具有农业文明特征，缺乏教育科学、心理科学等基础。而现代教育基于现代工业，具有科学性、民主性、发展性、革命性，改变了仅凭经验性的传统教育。当前，科学与生产力迅猛发展，新知识、新信息不断增加，因此，现代教育的内容空前扩展，对人才培养的质量和效率提出了越来越高的要求。商务英语在我国实际上就是世界经济全球化和中国社会经济发展需要而产生的新的交叉性学科。在这个背景下，现代教育对教师，包括商务英语教师的工作质量要求空前提高。教师教育观由静态向动态、开放的转变符合当今世界教师教育发展的潮流，是我国商务英语教师教育追求的发展方向。

第六,商务英语教师专业发展促进教师转变角色,成为变革的动力。随着社会的发展和教育改革的深入,教师的角色也在不断发生着变化。教师正经历着从“经师”到“能师”再到“人师”的角色转变。所谓“经师”,是指教师的主要任务是传授知识;“能师”是指在此基础上,能让学生掌握基本的技能;“人师”是要教会学生如何做人。联合国教科文组织在文件中指出:教师是变革的动力,是促进东西方之间、南北方之间相互了解的桥梁,是塑造新一代性格和思维的积极参与者。教学过程中,学生的地位与角色与教师的地位的变化,学生学习过程中的主体作用以及学习过程中的建构者、创造者得到确认。因此,商务英语教师不是教育产品的生产者,不是学生的塑造者,应是教育生产的组织者和指导者,是学生成长发展的促进者和引导者。商务英语教师不再是,也不可能是教育资源的唯一拥有者和教学过程的“独奏者”,他们是学生获取教育资源的指导者和引导者,是教学过程的“伴奏者”和研究者。商务英语教师应当逐渐转变为全能型教育专家:商务英语学生未来生活的设计者、知识体系的建构者、课程教材的研究者以及人际关系的艺术家。商务英语教师角色的转变要求教师提高自身的课程意识、课程实施的能力,需要提高教育理论水平、教育科研能力、信息技术应用能力等,不断提升自身专业素养。而所有这些能力的提高关键还在于商务英语教师的专业持续发展能力。

第七,商务英语教师专业发展是商务英语教师终身教育的途径和保障。“终身教育”理念是 20 世纪 80 年代在联合国教科文组织大力推动下,适应国际经济科技社会迅速发展的客观需要而提出的。该理念一经提出,便在国际社会迅速传播开来,并形成一种教育理念与教育思潮。“与生命有其共同外延并扩展到社会各个方面的这种延续性教育称之为终身教育”。终身教育的目的是人类生存的需要,它已不仅仅是局限在规定的时间内吸收固定内容的活动,而是被视为一种人类的进程。“我们再也不能刻苦地一劳永逸地获取知识了,而需要终身学习如何去建立一个不断演进的知识体系”。在这一进程中,人们通过各种经验和机遇,学会如何不断地学习,不断地完善自己。

未来的社会是学习型的社会,身处其中的每个人都要学会认知、学会做事、学会共同生活、学会生存。商务英语教师作为人类文明的传承者,面对日新月异的科技、经济、社会的发展,更应该具备终身学习的精神,使自己能够紧跟时代发展,把握住时代的脉搏,从而更新教育观念,吸收先进的教育教学理论和技术,从教学、道德、情感等各方面完善自己,做一名自主发展的实践者和示范者。只有这样,才能真正成为学生学习的引导者和指导者,才能真正帮助学生树立起终身学习的信念。而商务英语教师专业发展是引领商务英语教师不断学习、终身发展的必由之路。教师专业发展理论为教师教育制度的发展和完善奠定了基础。作为新兴的学科,商务英语也应建立起在职专业提高一体化的教师专业发展制度,确立商务英语教师终身教育的理念。

参考文献

Alexander, P. J. 1999. Business English in Europe: Student Requirements and Course Delivery [A]. In Hewings. M. & Nickerson, C. (eds.) Business English: Research into Practice [C]. Harlow: Pearson Education Limited.

Bargiele-Chiapini, F. & Nicherson, C. 1999. Business Writing as Social Action in Writing Business: Genres, Media and Discourse [M]. New York: Pearson Education Inc.

Bhatia, V. K. 1993. Analyzing Genre—Language Use in Professional Settings [M]. New York: Longman.

Clark. C. & Peterson, P. 1986. Teacher's thought processes [A]. In M. Witt rock (ed.). Handbook of Research on Teaching (3rd ed.) [C]. New York: Macmillan.

Duarte, I. B. 1998. Research in second language teacher education [J]. TESOL Quarterly.

Dudley-Evans, T. 1994. Genre Analysis: An Approach to Text Analysis for ESP [A]. In M. Coulthard (ed). Advances in Written Text Analysis [C]. London: Routledge.

Dudley-Evans, T. & St John, M. 1998. Developments in ESP [M]. Cambridge: Cambridge University Press.

Ellis, M & Johnson C. 1994. Teaching business English [M]. Oxford University Press.

Fullan, M, Hargreaves, A. 1992. Teacher Development and Educational Change [M]. London and Washingtom D. C. : Falmer Press.

Graves , K. 1996. Teachers as Course Developers [C]. Cambridge: CUP.

Hoyle, E. 1980. Professionalizatin and Deprofessionalization in Education Eric Hoyle & Jacquetta Megarry, [J]. Professional development of teachers, World yearbook of education.

Hutchinson, T. & Waters, A. 1987. English for Special Purposes: A Learning-centered Approach [M]. Cambridge University press.

Jaworski, A. & Coupland, N. (eds.)1999. The Discourse Reader [M]. London: Routledge.

Jones,L. & Alexander, R. 1994. International Business English Student's Book [M]. Cambridge: Cambridge University Press.

Jorden, R. R. 1987. English for Academic Purposes: A Guide and Resource Book for Teachers [M]. Cambridge University Press.

Lange, D. L. 1990. A blueprint for a Teacher Development Program [A]. Richard, J. C. & Nunan, D. Second Language Teacher Education [C]. Cambridge: CUP.

Leech, G. N. 1996. English in advertising: A Linguistic Study of Advertising in Great Britain [M]. London: Longman Group Limited.

Little, J. W. 1993 Teachers´Professional Development in a Climate of Educational Reform Educational Evaluation and Policy Analysis, (2).

Perry, P. 1980. Professional Development: the Inspectorate in England and Wales [M]. In Hoyle & Jacquetta Megsrry. World Yearbook of Education 1980: Professional Development of Teachers.

Pickett, D. 1989. The sleeping giant: Investigations in Bbusiness English International [J].

Roberts, J. 1998. Language Teacher Education [M]. London: Arnold.

Robinson, P. 1991. ESP Today [M]. Prentice-hall International (UK) Ltd.

Shuy, R. W. 1998. BureaucraticLlanguage in Government andBusiness [M]. Washington D. C. Georgetown University Press.

Stevens, P. 1997. New Orientation in Teaching English [M]. Oxford: Oxford University Press.

Stevens, P. 1998. ESP After Twenty Years: Appraisal [A]. M Tickoo (ed.). ESP: State of the Art [C]. SEAMEO Regional Language Centre.

Strevens, P. English as an International language [J]. English Teaching Forum 1987, Vol. 25 (4).

Thatia, V. K. 2002. Professional discourse: Towards a Multi-dimensional Approach and Shared practice [A]. In Candlin, C. (ed.) Research and Practice in Professional Discourse [C]. Hong Kong: City University of Hong Kong Press.

Tsui, Amy B. M. 2003. Understanding Expertise in Teaching: Case Studies of Second Language Teachers [M]. Cambridge: CUP.

Ur, P. A Course in Language Teaching: Practice and Theory [M]. Cambridge: CUP.

Ventola, E. J. 1983. Contrasting Schematic Structures in ServiceEencounters [J]. Applied Linguistics.

Wagner, J. 1995. What Makes a Discourse a Negotiation? [A]. In Ehlich, K. & Wagner, J. (eds.) The Discourse of Business Negotiation [C]. Berlin: Mouton de Gruyter.

Wallace, M. J. 1991. Training Foreign Language Teachers [M]. Cambridge: CUP.

Waesmermann, S. 1994. Introduction to Case Method Teaching: A Guide to the Galaxy [M]. New York: Teachers College. Columbia University.

Widdowson, H. G. 1997. EIL, ESL, EFL: Global Issues and Local Interests [J]. World Englishes, 16/1.

Widdowson, H. G. 1983. Learning Purpose and Language Use [M]. Oxford: Oxford University Press.

Widdowson, H. G. 1987. Teaching Language as Communication [M]. London: Oxford University Press.

Widdowson, H. G. 1990. Aspects of Language Teaching [M]. Oxford: Oxford University Press.

鲍文. 2009. 商务英语学科论[M]. 北京:国防工业出版社.

鲍文. 2010. 商务英语教学论[M]. 北京:中国广播电视出版社.

陈仕清. 2012. 英语教师专业发展新路径[M]. 南宁:广西教育出版社.

陈准民. 2008. 商务英语本科培养方案中的即对关系[A]. 新形势下商务英语教学与研究[C]. 上海:上海外语教育出版社.

陈准民. 1999. 加强商务英语课程的系统性—兼谈新课工商导论[A]. 国际商务英语研究在中国[C]. 厦门:厦门大学出版社.

程世禄,1995. 张国扬. ESP的理论与实践[J]. 外语教学与研究.

段平. 2000. 专用英语的研究与发展[J]. 国外外语教学, (3).

傅建明. 2007. 教师专业发展——途径与方法[M]. 上海:华东师范大学出版社.

甘正东. 2000. 反思性教学:外语教师自身发展的有效途径[J]. 外语界. (4).

胡俊杰,顾大僖. 2008. 合格外语教师标准研究[J]. 浙江师范大学学报. (1).

胡明扬. 2002. 外语学习和教学往事谈[J]. 外国语. (5).

黑龙江大学课题组. 全国商务英语专业调查报告[M].

黄国文. 2004. 语篇分析的理论与实践——广告语篇研究[M]. 上海:上海外语教育出版社.

黄震华. 1999. 国际商务英语研究在中国[M]. 厦门:厦门大学出版社.

赖恒静. 2009. 我国外语教师教育与发展研究现状及问题[J]. 教育与教学研究. (5).

雷春林. 2006. 内容教学法(CBI)与复合型外语专业教学——以商务英语教学为例 [J]. 外语电化教学. (6).

连榕. 2007. 教师专业发展[M]. 北京:高等教育出版社.

梁中贤. 2004. 美国外语教师发展新趋势[M]. 外语界. (6).

林添湖. 1999. 国际商务英语研究在中国[M]. 厦门:厦门大学出版社.

柳青军,李娟. 2006. 商务英语课程体系与教学模式构建研究[J]. 山东外语教学. (6).

刘秀江,韩杰. 2003. 对教师专业发展内涵的诠释 [J]. 教育科学研究 (4).

罗水清. 2005. 终身教育在国小教师专业发展的意义 [J]. 研习资讯 (10).

宋广文,等. 2005. 论教师专业发展[J]. 教师研究 (7).

孙芳明. 2003. 教师需要与教师专业发展[J]. 当代教育科学 (20).

唐玉光. 1999. 教师专业发展研究[J]. 外国教育资料. (6) .

秦秀白. 2002. 英语语体和文体要略[M]. 上海:上海外语教育出版社.

阮绩智. 2005. 大学商务英语课程目标及教学原则[J]. 外语界. (3).

单中惠. 2010. 教师专业发展的国际比较[M]. 北京:教育科学出版社.

史天陆. 1999. 高等教育商务英语课程设置初探[A]. 林添湖. 国际商务英语研究在中国

[C]. 厦门:厦门大学出版社.

束定芳,庄智象. 1996. 现代外语教学——理论、实践与方法[M]. 上海:上海外语教育出版社.

束定芳. 2004. 外语教学改革:问题与对策[M]. 上海:上海外语教育出版社.

司桂凤. 2005. 研究型教师——教师发展的方向[J]. 基础英语教育. (2).

王关富,徐伟. 1997. 商务英语初探[A]. 叶兴国编. 商务英语教学探索[C]. 上海:上海交通大学出版社.

王关富,张海森. 2006. 商务英语独立学科设置可行性研究[A]. 第七届全国国际商务英语研讨会论文集[C]. 北京:对外经济贸易大学出版.

王巾,金旻. 2007. 交际法指导的商务英语教学对教师素质的要求[J]. 长春师范学院学报(人文社科版). (5).

王军,侯天皓. 2009. 谈如何加强高校商务英语专业的师资队伍建设与课程建设[J]. 吉林师范大学学报. (3).

王蔷. 2002. 英语教师行动研究[M]. 北京:外语教学与研究出版社.

王卫东. 2007. 教师专业发展探新——若干理论的阐释与辨析[M]. 广州:暨南大学出版社.

王兴孙. 1997. 对商务英语学科发展的探讨[A]. 商务英语教学探索[C]. 上海:上海交通大学出版社.

王友良. 2008. 专门用途英语研究综述[J]. 中南林业科技大学学报. (6).

吴卫东. 2005. 教师专业发展与培训[M]. 杭州:浙江大学出版社.

吴宗杰. 1997. 从 IATEEFL 年会看英语教学走向[J]. 外语教学与研究. (4).

夏纪梅. 2006. 外语教师发展问题综述[J]. 中国外语. (1).

咸修斌,唐文龙. 2005. 商务英语学科定位的新思考[J]. 高教探索. (6).

向嫣红. 2000. 商务英语课程设置之我见[J]. 现代外语. (增刊)(23).

肖典英. 2005. 大学商务英语课程团队教学法[M]. 山东外语教学. (2).

辛广勤. 2006. 论述大学英语教师在岗自我发展[J]. 国外外语教学. (3).

叶澜,白益民,王丹,陶志琼. 2012. 教师角色与教师发展新探[M]. 北京:教育科学出版社.

于兰,孙启林. 2007. 解析外语教师发展[J]. 教育科学. (2).

张佐成. 2003. 试论商务英语的发展模式[J]. 广东外语外贸大学学报. (4).

张佐成,王彦. 2002. 商务英语的界定[J]. 对外经济贸易大学学报. (6).

赵昌木. 2011. 教师专业发展[M]. 济南:山东人民出版社.

朱旭东. 2011. 教师专业发展理论研究[M]. 北京:北京师范大学出版社.

邹美兰. 2004. 现代商务英语的界定和内涵[J]. 江西财经大学学报. (1).

第2章

››› 商务英语学科教师专业素质结构

教师专业素质是教师稳固的职业品质。它是以人的先天禀赋为基础,通过科学教育和自我提高而形成的具有一定时代特点的思想、知识、能力等方面的身心特征和职业修养。教师专业素质是教师职业对从业教师的整体要求,在其教育教学活动中表现出来的,并决定其教育教学效果,对学生身心发展有直接而显著影响。教师的专业素质是通过优良的特质,经过严格的教师教育和教师专业发展而获得。

教师专业素质结构分析有助于教师正确评估自己的知识、能力、素质等状况,从而发现自己知识、能力等素质方面的欠缺,找到专业发展的重点和突破口。本章根据商务英语学科特点,重点分析和归纳我国商务英语学科教师应具的专业知识、专业能力以及其他素质的构成要素。

2.1 国外商务英语教师专业素质研究概述

商务英语是专门用途英语的一个分支,关于商务英语教师素质问题,国外的专门用途英语和商务英语专家曾有一些论述。

埃利斯(M. Ellis)和约翰逊(C. Johnson)就商务英语教师所需的知识指出:"商务英语教师首先是一名英语教师,他不需要是任何一门领域内的专家,真正懂得专业知识并将其带到课堂上来的人是学生,而非教师"(Ellis & Johnson,1994)。他们强调商务英语教师作为英语教师的素质,而认为具有商务方面的专业知识并不重要。

道德利·艾文斯和约翰(T. Dudley-Evans & M. John)也认为,商业人士并不指望商务英语教师懂得如何经营一个企业,他们期望的是英语如何在商业中使用,而这牵涉到对于一些商业概念和环境的理解。医生并不指望英语教师懂得如何诊断、开药方或是防病治病,他们期望的是如何用适当的英语在医生和病人之间、在医生和护士之间进行交流。"专门用途英语教师所扮演的角色是一个'顾问'而非'智慧之源',他们必须承认并善于利用学生比他们更强的专业知识"(Dudley-Evans & John,1998)。

可以看出,埃利斯和约翰逊以及道德利·艾文斯和约翰,都是将商务英语教师定位于语言教师,主要是起到英语教师角色和作用。这种认识是基于国外的商务英语学习者大都来自公司、企业或相关商务部门,他们已经具备了商务英语知识或某个专门用途英语领域知识,他们来到课堂的目的是获得如何在国际商务活动中准确地使用英语的能力,获得语言知识和语言技能是学习者的学习目标。这种观点反映了国外的国际商务英语和专门用途英语学生的学习背景和目标需求,符合国外的商务英语和专门用途英语的教学情况。

但是,反观我国商务英语学科、专业及教学情况,我们就可发现国外上述专家对商务英语及专门用途英语教师知识与能力素质的定位要求与我国目前商务英语学习者的背景与需求和目标等情况不一致。具体表现在:首先,商务英语在国外是一门课程,而我国的商务英语是一个新发展的学科和专业。其二,国外的商务英语学习者主体部分来自于社会各界,教学主要针对社会上的各类从业人员,而我国目前商务英语专业学生主要是读大学的在校大学生。其三,国外的商务英语学习者学习商务英语的目的是提高英语水平,能够自如使用英语进行国际商务活动,而我国的商务英语的教学以学校的各层次的学历教育为主。在中国,针对社会、企业员工所进行的国际商务英语培训虽然在一些大中城市出现过,但尚未形成规模。第四,国外的商务英语学习者,一般具有商务背景知识,学习目的主要是商务英语语言本身,而我国的大专院校里绝大多数学习者来自于普通高中。他们是通过高考进入大学的大学生。在学习商务英语专业之前,他们像我国大专院校的其他专业学生一样,对该专业所涉及的国际商务知识所知甚少,对于国际商务的学习可以说是从零开始,由于我国重视中学英语教育,进入大学的学习商务英语专业的学生对英语的知识的掌握已经有了一定的或较好的基础。

学习者的学习背景、学习目标和身份等的不同对我国商务英语学科教师的知识结构、能力结构等提出了不同的要求,与国外商务英语专家对其教师的定位和要求具有较大差别。

那么,我国商务英语教师究竟需要哪些具体知识、哪些能力素质呢?这需要我们分析我国商务英语学科属性以及培养目标。

前文已讨论过商务英语属于专门用途英语范畴,与多个学科交叉,内涵涉及到国际际贸易、金融、国际商法、市场营销、企业管理、电子商务和跨文化交际等方面。商务英语的突出特点是英语语言技能与商务专业知识的紧密结合。

埃利斯和约翰逊曾对商务英语和普通英语(EGP)进行了深

入分析，认为两者的不同之处在于，普通英语教学重视结构和功能等语言方面的训练，主要目的是使学习者熟练掌握英语这门语言，而商务英语教学的教学目标与学生将要从事的行业中的交际需求密切相关，其最终目标是培养学生在商务环境中运用英语进行语言交际的能力（Ellis & Johnson，1994）。商务英语作为英语的一个功能性变体，是商务知识和英语语言的综合，具有其独特性（张新红、李明，2002）。

英国商务英语专家布里哲（N. Brieger）将对商务英语所需的能力素质分为语言知识、交际技能、专业知识、管理技能和文化背景等核心内容。可以看出，上述知识与技能组成了商务英语所应包括的内容，而这些内容涵盖和涉及到广泛领域。商务英语教学是一种语言教学，更是一种技能教学。教师不仅要帮助学生掌握必要的商务英语知识和商务知识，更重要的是培养学生在各种商务环境下熟练运用英语知识与技能的能力（阮绩智，2005）。同时，商务英语专业培养学生熟练运用英语处理国际商务业务的能力，其人才培养需坚持语言与商务、知识与技能、理论与实践相结合的原则，使学生不但具备英语语言的基础知识，还要熟悉商务知识，并能熟练运用英语从事商务活动。也就是说，该学科强调各种商务知识和英语技能的并重，以及在以英语为工作语言的背景下对这些商务知识的运用能力和商务沟通能力。

因此，作为综合性、交叉性、兼容性、应用性很强的商务英语学科，其专业教师不仅需要掌握英语知识和一定的国际商务理论知识，又要具有较高的实践技能水平。商务英语是应用型的新兴专业，其学科属性、培养目标和培养内容不仅与国外商务英语课程教学不同，而且也与我国普通英语专业差别较大，对其教师的素质结构提出了新的要求。下面从商务英语教师的知识结构、能力结构和素养结构展开探讨。

2.2 商务英语学科教师专业知识结构

商务英语教师专业素质的知识结构是指由教师在系统专业知识和教育实践的知识构成的体系。根据商务英语学科特点，作者将商务英语教师的知识结构分为三个层面，即商务英语本体性知识、商务英语教学知识和商务英语工具性知识。

2.2.1 商务英语本体性知识

1）复合的商务英语知识

商务英语是英语和商务融合体，因此，商务英语知识由英语语言和国际商务知识以及相关的知识组成。英语语言知识是商务英语教师的基本功，是其从事教学工作必不可少的基础和准备。教师英语语言知识、对向学生输入目标语的质和量有着最为直接影响，是商务英语语言教学成功的关键性因素之一。具体来说，商务英语教师要具有扎实的英语语言知识，掌握英语语音、词汇、语法、语篇等方面的知识，具有语法体系的系统性和完整性等。同时，商务英语教师还应了解基本的语言学知识，以便更好地理解和认识人类语言的本质，提高自己的语言素养，发现、认识并遵循外语学习规律，选择和使用符合语言学习规律的教学方法（束定芳、庄智象，1996）。

2）国际商务基础知识

具备商务专业知识与技能是教好商务英语的先决条件之一。商务英语学科是交叉型的学科，是英语语言与国际商务相关的学科，如经济学、管理学、法学、会计学、统计学、计算机科学等的交叉和复合，因此，商务英语教师需要熟悉和了解国际商务知识，广泛涉猎与贸易、法律、营销、金融、财会、管理等领域，公司运作与管理、人力资源管理、市场营销、企业公关、公司发展、商务电子化、商务会议等方面的知识。

所谓国际商务基础知识有两层含义。其一是指要求商务英语教师只是对所涉猎的学科中的与国际商务有关的知识具有一般了解，而不是所交叉的学科的知识和技能的全部。商务英语教师需要关注的是边缘的，学科间的交叉空间与内容，对于其他交叉的学科只要了解其基础知识或行业惯例与程序，能够满足其教学与科研的需要，而不是需要商务英语教师成为通晓上述所有学科的“全才型”教师，门门精通的商务英语全才是不多见的，也不可能要求教师都做到这一点。商务英语教师应在具备相关交叉学科基础知识之上，选择其中的一两个交叉学科作为深入研究对象。其二是指商务英语教师能将英语语言知识与上述所描述的交叉的学科知识融合，形成“复合商务英语学科知识”，用于商务英语教学中。这就是商务英语师资所需要的国际商务基础知识。

商务英语是英语与国际商务的交叉复合，其“跨学科性”决定了商务英语的知识结构的复合型。国际商务基础知识与英语语言知识复合，形成了复合的商务英语知识，这就是商务英语学科的核心知识。商务英语教师应具备完善的复合的商务英语知识，这也是区分国际商务英语教师和普通英语教师的根本所在。

3）跨文化交际知识

近年来兴起的跨文化交际学引起学者们的普遍关注，已成为我国语言教育界研究的热门课题。跨文化与商务英语有着密切的内在联系，国际商务的本质就是发生在国际间的经济活动，是人与人之间进行的跨文化的以国际商务实践活动为目的的交际活动。在商务活动中涉及许多跨文化因素,包括不同文化背景的人们的生活、习俗、信仰、价值观以及他们对日常事物的看法和情感,这些因素经常通过语言的方式体现出来。语言与文化密切相关,文化总是在语言的使用上打下深深的烙印。从符号学角度看,语言是一种意识化的符号,语言映射出使用该语言人的世界观、哲学观、思维方式等,语言反映文化,是文化的载体,语言本身也是文化的重要组成部分。语言学家萨默瓦(L. A. Samovar)等认为,交际是一种动态的系统过程。在这种过程中,意义得以产生并反映到人类使用符号进行相互交往的活动中,它受语境的制约,信息交流总是在特定的地点发生(Samovar, L. A. & Porter, R. A. 2004)。国际商务活动实质上就是跨文化、跨国的经济和商务往来和交流。通常,在国际商务活动中的交际中人们会不知不觉地借助于母语的语言规则、交际习惯、文化背景及思维方式来表达思想,造成不同的文化因素在交流的同时会不时地产生交叉与碰撞。如果不具备跨文化交际能力的话,就可能会产生误解与冲突,严重的话,甚至会直接影响国际商务交际,导致商务交际失败。

商务英语学科教学要培养懂国际商务规则、掌握世界各民族文化特点的应用型人才,他们今后要以英语为工作语言与世界其他民族的人进行商务交流和从事商务活动。在商务环境中,与商务作业相关的知识与技能则属于文化能力的范畴。商务英语教师的主要任务是传授与培养在商务环境下学生的话语理解与产出,以达到完成特定的商务任务的知识与能力。因此,作为培养国际商务英语人才的商务英语教师,不仅商务英语教师不仅要研究跨文化交际的理论知识,还要了解跨文化商务交际过程、交际知识与要素,并且了解和认识各民族独特的传统文化与价值观在商务活动中的体现，而且还要具有一定的实践能力，商务英语教师要特别重视经济学视域下商务环境的跨文化交际的知识与技能，并将这种知识与技能在日常教学中传授给学生。

2.2.2　商务英语教学知识

1）英语教学知识

商务英语教师应具备系统的商务英语学科教学知识。商务英语是应用语言下的专门用途英语的一个分支，所有的理论与研究方法都应符合应用语言学的一般规律。商务英语是国际商务环境下使用的英语，英语教学有其自身的特征，商务英语与普通英语同是一种语言，两者都具有基本词汇、句法、语篇等层次上的语言共核部分。因此，其教学同样具备语言教学的一切特征和要素，其教学首先应按照语言教学规律，并用其指导国际商务英语的教学实践。商务英语教师应熟悉有关英语教学的理论及方法。对各种不同的教学法流派的理论基础、教学原则、教学方法及其在具体教学中的运用技巧都要进行深入的探讨，并能结合具体的教学情境加以创造性地运用，因为“在其他条件等同的情况下，不同的教学方法会导致完全不同的教学效果”（束定芳、庄智象，1996）。同时，商务英语教师应当深入研究外语学习理论，引发学生的学习动机，引导学生掌握良好的语言学习策略，培养学生自主语言学习能力，促进学生语言学习效率，培养学生终身学习的能力，从而做到外语学习与素质教育相结合。因此，教师还应特别了解学生的心理，尤其应当研究言语活动的心理特点及学习外语的心理活动规律，深入到学生中间，了解学生的个性差异、学习风格的差异，并使自己的教学符合学生的身心发展规律。教师应掌握一些语言输入的理论、方法和现代教学法理论，并了解学生的认知特点和学习动机、策略，以及有关教材、测评等方面的基本知识。

2）商务英语教学知识

首先，商务英语除了与英语语言教学共性之处，商务英语教学还具有其特殊性，商务英语与专门用途英语的共性特征，应当以专门用途英语的理论为指导，采用其理论的框架进行教学。鉴于专门用途英语的特征，哈金森（T. Huchingson）和沃特斯（A. Waters）指出，交际法是专门用途英语教学中行之有效的教学方法，因为它主张在符合实际的交际过程中学习语言，学用结合（Hutchinson & Waters, 1987）。作为专门用途英语的一种，商务英语教学也应遵循专门用途英语的教学规律，遵循语言教学和专门用途英语的教学原则与方针。因此，商务英语教教师应掌握这些知识，以有效地进行商务英语教学。教师掌握系统的专门用途英语知识十分重要。

第二，商务英语不局限于专门用途英语，它与商务环境相关联，通常是某个特别工作或行业相关的特定内容与一般有效沟通能力相关的一般内容的混合（Ellis & Johnson, 1994）。商务英语教学内容更倾向于语言功能和语言活动，强调语言的输出和语言交际能力的培养，教学目的是使学生获得与其社会目的相关的国际商务沟通与行为能力。具体来说，商务英语教师应具备如下商务英语教学知识，以进行有效的商务英语教学工作。一是商务英语教学的组织与设计应兼顾语言知识与国际商务知识的融合。二是商务英语的教学组织与设计应遵循理论与实践相结合的原则。商务英语以培养学习者以英语为工具从事国际商务活动的能力，学习者以能够用英语解决国际商务的实际问题为终极目标，学习具有较强的实践性。因此，在保证学习者掌握语言知识和商务知识的理论基础上，应有大量实践和训练内容。教学方法的选择应以功能为导向，使学习者在获得英语语言交际能力的同时，获得国际商务知识与技能。三是商务英语教学应以学习者的未来岗位需求和学习者实际情况为导向，而对于商务英语教学法选择与设计也应以学习者的实际情况与目标需求为导向。商务英语教学的所有设计与选择都应遵循以学习者为中心的原则。同时这也是教师教学的出发点，教师应帮助学习者形成对国际商务英语课程的学习的正确认知；帮助学生对学习成绩正确归因，并对商务英语课程学习中的不可控因素要因势利导。商务英语教学应注重“对比”，使用对比策略（刘法公，2003）。国外的专门用途英语教学法要求教师和学生有长期置身于英语环境的生活和学习经历，有较强的语言分析能力，更需要学生有敏感的语言观察和辨析能力，但这种教学法不适应中国学习者。在专门用途英语教学过程中，对比教学法就是引导学生对专门用途英语文本中的词汇、术语、语篇、修辞等与普通英语进行比较，使学生发现其语言特征、规律等。

2.2.3　商务英语工具性知识

所谓商务英语工具性知识是指那些可以用来当作工具，帮助商务英语教师提高教学课堂效率、教学效果的知识。工具性的知识对提升商务英语教学效能具有十分重要的意义，它帮助教师选择合理的方式、技术手段、使得商务英语教学生动、有趣，有利于学生吸收和接受商务英语知识，有助于学生获得商务英语沟通与交际能力。

1）教育学和心理学知识

教育学研究如何培养人和教育人的原则与方法，揭示教育的规律。宏观上来说,教育学有助于商务英语教师树立正确的教育思想,正确认识商务英语教育与社会、与学生发展的关系,增强商务英语教育工作的自觉性和科学性。从微观上来说,教育学有助于商务英语认识教育规律,了解学生的身心发展,帮助教师进行教学设计和教学决策。

心理学是研究人的心理现象及其规律的科学。商务英语教师掌握心理学知识有助于认识教与学的心理活动规律,实行科学育人。教育是一种育人活动,有其自身的特点和规律。在宏观上,教育受一定社会的经济、政治、文化的制约;而微观的具体教育教学实践活动,除了受社会因素影响之外,还直接受师生心理活动特点及其规律的制约。现代教育强调人的培养目标,突出强调学生的全面发展,尤其是心理方面的发展。这对教师素质的要求,有一个重要的变化,需要教师从"经师"变为"人师",教学不再是"讲经说道",而要做到以育人为主。教学的中心与重心是"人",教师首先要了解他的教育对象,才能有效地实施教育、教学。心理学知识帮助商务英语教师认识教育教学活动中心理学活动的特点和规律,尤其是认识学生心理发展的特点和规律。

基于商务英语具有语言教学的性质,商务英语教师还应当深入研究外语学习理论,引发学生的学习动机,引导学生掌握良好的语言学习策略,培养学生自主语言学习能力,促进学生语言学习效率,培养学生终身学习的能力,从而做到商务英语学习与素质教育相结合。商务英语教师应特别了解学生的心理,尤其应当研究言语活动的心理特点及学习外语的心理活动规律,深入到学生中间,了解学生的个性差异、学习风格的差异,并使自己的教学符合学生的身心发展规律。商务英语教师还应掌握一些语言输入的理论、方法和现代学理论,如建构主义理论、情感过滤学说、合作学习理论、自主学习理论、人本主义理论、“从做中学”理论等,并了解学生的认知特点和学习动机、策略,以及有关教材、测评等方面的基本知识。

2) 普通知识

操作性的知识还包括一些其他学科的普通性知识。随着社会、科技的发展,科学研究出现了交叉整合的趋势,各学科的综合化日趋明显。许多学科之间联系不断密切,“各学科知识出现‘晕化’现象,各科之间互相渗透、互相联系、不存在绝对的界限”(陶本一,2002)。商务英语教学过程也会涉及到其他各学科方面的内容,有了更多其他学科的普通知识,教学中教师才能有更高水平的发挥。所以,商务英语教师还应当具备较为深厚的人文学科知识和具有一定的科学素养。广泛、渊博的知识结构能够开阔教师的视野,在教学中创造性地发挥,实现商务英语教学的知识性和趣味性,从而使学生实现在意义的建构中掌握商务英语语言、商务英语技能,提高商务英语素质。

2.3　商务英语学科教师专业能力结构

商务英语教学是一个非常复杂的过程,除了上述知识以外,商务英语教师还应具备许多方面的能力,以满足商务英语人才培养的和学科发展的需要。具体来说,分为商务英语本位性能力和商务英语发展性能力。

2.3.1　本体能力

所谓商务英语本位能力是指商务英语学科对商务英语教师基础的、核心的能力要求。本位能力是商务英语教师必不可缺少的，可以说，没有商务英语本位能力，教师就无法完成商务英语学科的课程教学。

1）综合商务英语语言运用能力

作为商务英语教师，良好的综合的商务英语语言运用能力无疑十分重要。其内涵如下：

其一是良好的综合商务英语语言能力，指商务英语教师的本体的商务英语语言水平与语言运用能力。英语是我国商务英语教师的外语，他们没有国外商务英语教师的英语母语环境和第二语言学习环境。因此，商务英语教师提升和保持商务英语语言技能就尤为重要。同时，商务英语教师的商务英语语言知识和技能对许多学英语的同学来说，也至关重要。商务英语教师是学生商务英语语言输入的最主要来源和渠道之一，通过教师的商务英语语言输入，学生习得英语语言，获得商务英语基础知识。因此，教师要花更多时间和功夫来获得商务英语基本功，使自己具备娴熟的商务英语听、说、读、写、译能力，在表达上做到语言准确、内容丰富，具有启发性、逻辑性、教育性。

其二，良好的综合商务英语语言运用能力还表现在教师善于与学生交流和对话的沟通能力上。原因有二：一是教育的过程本身就是师生交流和对话的过程，没有良好的沟通能力，商务英语教师无法有效地将商务知识传递给学生；二是商务英语专业目标本身就是培养学生相关的国际商务沟通能力，其教学过程也是教师与学生沟通和交际的过程，教师需运用交际教学方法。商务英语教师如果与学生沟通能力不强，就无法引导学生参与课堂活动，直接影响商务英语教学效果，进而影响商务英语国际商务应用型人才的培养。所以说，具有良好的综合商务英语语言能力，了解学生，善于沟通和交流的商务英语教师才是真正能够胜任国际商务英语专业的教师。

2）商务英语教学设计能力和授课能力

课堂教学是商务英语学生学习的主要渠道，课堂教学设计和操作能力是商务英语教学能力的主要体现。商务英语学科内容复杂，涵盖面非常广泛。商务英语教师需以商务英语教育教学工具性知识为指导，根据商务英语学科不同课程的教学任务，具有驾驭教学材料的能力，能够组织教材，设计教学程序，选取恰当的教学方法。商务英语的教学重点在于培养学生的语言表现能力、实际操作和运用能力上，而非普通英语的语法、词汇等语言点的死记硬背上。因此，紧扣教学目标，注重其针对性、真实性和相关性是商务英语教师的教学重点。

商务英语教师首先要树立商务英语理念，以应用型、实用型人才培养为导向，加强语言功能和语言活动，强调商务英语语言的输出和商务英语语言交际能力的培养。教学方法上侧重以培养应用能力为主的交际法教学，以学用结合为原则，设计模拟商务环境，使学生置身于商务情境中，学习和运用语言，训练和发展国际商务沟通与行为能力。同时，商务英语教师在课堂教学中应树立以学生为中心的教学理念。商务英语教师应因材施教，教学中要充分考虑到学生的差异，通过引导学生参与所设计的各种教学活动，通过使用各种教学媒体来提高学生的商务英语综合运用能力。教师作为组织者和设计者，在创设商务交际环境时，应清楚学生的学习动机和能力，明确教学活动的目的，并考虑到活动中可能出现的问题和解决办法，从而才能有的放矢地设计难度适当的课堂活动。

授课能力与课程设计能力紧密相关，商务英语教师应根据教学设计和安排，指导学生商务交际活动，在教学中起到知识输出者、运行引导者的角色和学生自主学习的引导者的作用。具体来说,首先,商务英语的教学更注重的是给学生提供一个知识的平台、互动的空间。教师不是权威者,而是学生的指导者、合作者和交流者。其二,商务英语教师要了解并尊重每一个学生,充分重视情感因素对外语教学的作用,要善于营造一种开放、自由、安全、和谐的心理氛围。充分调动学生的积极性,激发学生学习动机,鼓励其参与课堂教学活动,这将有助于整个商务语言交际活动的展开。其三,教师指导学生积极参与、独立思考,与学生共同探讨问题,寻求解决问题的办法。了解学生的学习情况,掌握其学习动向,及时给予点拨,并能根据学生的进展程度适当调整教学计划。根据学科特点,引导学生搜索和处理信息的能力、分析解决问题的能力,以及交流与合作的能力,提升学生的综合素质。

3) 现代教育技术和信息技术的运用能力

随着现代科学技术的快速发展,互联网与媒体技术被广泛应用于教育教学,为商务英语教学提供了广阔的平台,为商务英语教师提供了教学有利条件和工具。运用以计算机为核心的信息技术在教育教学中的理论与技术,通过对教学过程和资源的设计、开发、应用、管理和评价,以实现教学现代化的理论与实践。具体表现在:其一,利用现代信息技术开发课程资源,可以改变传统的“书本 + 黑板”的单调、枯燥、抽象的教学手段,创造生动、有趣、逼真的教学情景,以实现商务英语教学的交际性、知识性和趣味性的结合。其二,利用多媒体系统进行教学,用声音、画面等同时刺激学生的多种感官,可以提高学习效果。其三,信息技术可以为商务英语教育教学提供良好的学习平台。网络不但提供大量的商务知识,还给教师和学生提供了大量真实的、具有时效性的商务英语材料和各种写作范例,为教学提供巨大的便利。为学生提供丰富有趣的资源,提高商务英语输入和输出的质和量,拓宽学生学用商务英语的渠道,并促进学生个性化的学习。而且,课程资源的开发与利用会有力地促进教师的语言素养和教学能力的提高。这些都要求商务英语教师具有良好的现代教育技术和信息技术运用能力。

商务英语教师的信息技术运用能力包括信息技术的操作能力,获取信息的能力,根据教学需要处理信息、创造信息的能力,整合信息技术与课程的能力等。例如,利用网络资源可以促进教学,这就要求教师掌握网页制作技术,能制作网站,创建聊天室和班级邮箱,建立聊天群。可以与学生及时沟通,适时反馈信息,提高学习和工作效率。在设计和选择商务英语教学方法与教学模式时,应充分考虑信息和网络技术与平台,提高学生的语言输入,激活学生的语言输出,最大限度提高学习者的学习兴趣、学习动机,充分发挥其学习的主体地位和主导作用,促进商务英语教学高效化。此外,掌握相关实用软件的操作知识也是商务英语教师不可或缺的能力。当前越来越多的人们运用电子商务进行交易活动。商务英语专业的学生毕业后面临开发经营或协助操作该项业务的工作。教师有责任让学生熟悉电子商务运营的网络环境,拓宽学生视野。

4）教学监控能力

教学监控能力是商务英语教师的核心能力,是其反省思维和思维的批判性在其教育教学中的具体表现。它既是商务英语教学活动的控制执行者,又是教学能力发展的内在机制,是促进商务英语教师,提高评价和设计能力,产生自我价值感、自我满足感、自我信赖感等专业信念的重要因素。

所谓教学控制能力是指教师为了达到预期的目的而在教学

的全过程中，将教学活动本身作为意识的对象，不断地对其进行积极主动的计划、检查、评价、反馈、控制和调节的能力（连榕，2007）。商务英语课程教学的成功还依赖于教师的良好教学监控能力。商务英语是一个新兴的学科，很多课程都是新开发的、发展不长的课程，没有形成成熟的、固定的教学范式。为了保证教学的成功，达到预期的目标，商务英语教师应对其教学活动进行全局把握，要有教学效能感，具有自我监控意识。

具体来说，首先，在课程教学之前，明确学习内容、学生的兴趣和需要、学生的水平状况，并根据实际情况，仔细安排和计划教学活动。同时，对学生的活动做出评估，商务英语教师的评估应着重于学生的语言沟通是否成功，检测学生在所设的情景中是否在进行有效的信息交流，表达是否精确、恰当，是否运用了相关的语言技能，如确认模糊信息、澄清误解、归纳总结等。教学活动过程中，教师应留心观察学生的完成情况，适时给予督促和点拨。教学活动后，教师要及时对学生活动的情况给予反馈和评价，使学生看到自己的成功和不足之处，进一步明确教学活动的目的。其二，在整个教学过程中，商务英语教师应不断对自己的教学进行有意识的检查，做出正确评价，并及时发现问题，及时进行教学调整和矫正。其三，在发现问题和做出调整和自我控制的同时，对未来的教学可能出现的问题进行预测，将教学向着尽可能好的方向上推进。作为新生的商务英语学科的专业教师，教师的教学的监控能力还担负，建立商务英语教学标准和规范，尽快提高商务英语学科的教育教学水平。

2.3.2 发展能力

当今社会，科技不断变化，知识不断更新，学科教育教学也在不断发展,特别是对于与世界经济、社会发展紧密结合的商务英语学科来说,其发展就更加迅速。商务英语教师需要具有发展能力,以适应商务英语学科发展的需要。所谓发展能力是指那些能够帮助商务英语教师不断汲取新知识、掌握新技能,不断提升自己的教育教学的能力。发展能力对商务英语教师也十分重要,是决定其完成职业生涯的关键因素。

1) 课程开发能力

课程开发是教学的基础,与学科的发展和人才培养的模式问题直接相关,是教育思想和教育观念的具体体现,课程对学生的知识结构、能力和素质具有直接影响,对教学的整体效果和总体目标有着至关重要的意义。首先,商务英语包含有丰富的专业知识,在重学科基础的基础上,需教师更加重视学生的技能培养,强调知识的实用性、能力的针对性和岗位对应的灵活性,在围绕培养学生的商务英语应用能力进行课程内容设计时,将社会对学生的目标需求转化为基本能力要素,然后根据基本能力要素来构建课程体系内容。开发有针对性的课程是目前商务英语学科的重要任务。其二,国际商务涉及面广泛,所对应的商务课程内容种类繁多,而本科四年学制所能容纳的学时有限,需要商务英语教师以所需能力为目标,应根据人才培养的能力素质要求和学习者的主体需求等情况,进行适当整合,从广而博的课程内容中,整合、选择、重构"少而精"的课程。通过筛选后,将能够代表并属于国际商务英语学科的理论精华和知识体系提炼出来,在此基础上再进行完善、创新。将最能够反映商务英语专业能力的,企业最为常用的内容有机整合在一起,重新组合课程,减少课程门类,重点讲授实用的基础内容,从而提高教学实效。也就是,打破原来模块间各自分立的框架体系,融通互补商务内容,将英语语言能力与商务理论知识、实践技能的培养结合在一起。其三，商务英语学科由于其学科的应用性和目标岗位的针对性，培养目标不但要求学生具备英语语言交际能力、国际商务业务能力，特别要求学生具有较强的综合素质能力，开发素质教育课程尤为重要。这些都对商务英语教师的能力提出了更高的要求。

2）学习能力

商务英语是一门交叉型、应用型的学科，其学科交叉属性决定其教师必须有很强的学习能力。首先，商务英语教师在掌握英语学科知识前提下，还需掌握教育学、商科以及经济学、管理学等一个或多个领域的知识和原理。例如，从一个单纯英语学科教师转变为复合型国际商务英语教师，其中需要进行大量的、不断的学习和研究。同样，商科专业教师要能用英语驾驭专业教学或研究，也需进行英语语言的大量学习。其二，商务英语教师不但要学习和掌握教育教学理论，主动吸收各种新颖、先进的教学理念，而且要善于学习别人成功的经验，把其他教师良好做法和自己的教学实践相结合，通过借鉴、内化、创新，总结出适合自身情境的有效的教学模式与策略，并逐渐形成自己的双语教学特色。再者，现代的教育思想已突破时间和空间的限制，形成了终身学习的理念。通过不断学习，商务英语教师能够逐渐深入体会语言的本质，不断创新、改革教学方法，商务英语教师更应该是这种理念的实践者。随着时代的发展，教师的学习将越来越具有主导地位，应对终身提高、终身学习的要求，将是商务英语教师长远发展的方向和专业持续发展的途径。

3）创新能力

教学创新能力是指教师根据教学内容、教学对象、教学目的，创造性地运用教育理论和教学方法达到教育目标的能力。“创新是一个民族发展进步的灵魂,是国家兴旺发达的不竭动力”。我国的商务英语学科的教学对象、教学目标、教学内容都与国外的商务英语不同,复合型的商务英语专业教师的概念也唯中国独有,具有中国特色。国外的商务英语界对商务英语作为学科研究的课题非常有限,我国的商务英语教师没有现成的方法与路径去借鉴与效仿。因此,我们的复合型的商务英语教师又必须是创新者,他们必须在实践当中不断地研究教学理论和研究方法,然后不断加以检验、充实和完善,通过完善、健全、规范、调整、改进、优化、深化、提高、拓展、充实、丰富等行为,使商务英语学科不断发展与完善。以教学手段为例,商务英语教师的教法有别于传统的教学方法,比如可能更多地采用内容教学法,使语言学习与专业学习融为一体。在科研方法上,商务英语教师应寻找商务英语与其他学科的交叉区域,开展创新的、有特色的交叉研究。商务英语是一门涉及学科较广的新型学科,在实践中自然会遇到问题和困难。在解决问题时,教师应进行创新思维,及时反思,通过观察、提问、分析,辨证地批判和分析自身教学与科研的实践。

2.4　商务英语学科教师专业素养结构

我国商务英语学科是在经济发展全球化日益加深和中国广泛地融入国际商务活动的背景下设立的,其目标是培养能够从事国际商务各行业工作的应用型人才。因此,商务英语教学应以职业素养培养为导向,以学生获得未来国际商务职业能力为目的,以学生能够从事国际商务活动为目标,这就要求商务英语教师不但具有商务英语学科知识与能力,还要具有较好的行业素质。具体来说,商务英语学科教师需具备国际化素养、行业背景实践知识和产学研结合素养等。

2.4.1 国际化视野素养

所谓国际化视野是指了解世界各民族历史文化，并具有国际化意识、世界眼光，胸怀全球，在全球化竞争中善于把握机遇和争取主动，内容包括各国各民族各地区在政治、文化、科技、军事、安全、意识形态、生活方式、价值观念等多层次、多领域的相互联系、影响、制约的多元概念。商务英语教师需要具有国际化视野素养基于以下原因：

首先，商务英语教师需要具有国际化视野是由商务英语学科教学内容所决定的。商务英语学科培养了解他国文化、能够熟练运用英语进行对外商务活动的复合型人才。因此，培养学生在实际商务环境中，正确理解、处理各种商务活动中的问题，并与不同文化背景的人们成功进行国际商务交流与沟通能力十分重要。商务英语教师需要向学生传授包括国际商务礼仪、国际规则、国际市场、跨文化交际等国际规则、方式、管理等方面的内容。这些都要求商务英语教师的教学具有全球化视角、国际化的胸怀，并熟知东西方文化背景、世界风俗习惯、宗教信仰、思维方式、道德观、伦理观、价值观等，遵守国际商务各行业的国际规则与行为模式，从而打开和扩展学生的国际视野。在教学设计中，具有全球化意识，将国际化理念贯穿在理论教学与实践教学中，增加学生对国际化视野的感性认识和理性认识，并付诸实际行动中。

第二，商务英语培养目标要求商务英语教师具有国际化视野素养。国际商务英语专业的终极目标是培养能够在国际商务活动中具有沟通和行为能力，圆满完国际商务活动的人才，也就是商务英语教师不但要传授知识，还要进行“做事教育”，而“做事教育”与“做人教育”密切相关，要求培养学生具有良好的个人综合素质，其中国际化视野是其中最重要的内涵。只有教师具有国际化视野素养，看问题、做事情胸怀世界，不局限于本民族的传统习惯、思维方式与行为模式，具有国际文化的胸襟，才能通过言谈举止潜移默化、耳濡目染地熏陶学生，引领学生，使学生获的商务英语的国际化素养，成为全球共同体的有机组成部分。

同时，全球化浪潮影响着大学毕业生就业理念，商务英语专业毕业生就业观念从传统的固定依赖型向全球化市场博弈深度转变，向凝聚合力开辟市场的事业型转变。这些都要求商务英语教师以国际化的视野胸怀，引导学生进入世界经济大舞台。

第三，全球化时代以及世界经济一体化要求商务英语教师具有国际化视野素养。所谓全球化是指全球联系不断增强，人类生活在全球规模的基础上发展及全球意识的崛起。国与国之间在政治、经济贸易上互相依存，也就是说全球化是世界的压缩和把全球视为一个整体。全球化或称世界一体化起始与 20 世纪 80 年代初，从市场开放、金融流通加速、跨国公司扩张开始，引发国际间的经济竞争加剧和经济运作体制的趋同。20 世纪 90 年代以因特网为突破的信息网络革命为全球化的加速推进提供了有力的技术手段，全球化的内容不断丰富，不断加深，扩展到包括政治、经济、社会、文化、知识要素等。全球化打破世界疆域，使世界成为麦克鲁昂（McLuan）所称的“地球村”。信息化、网络化的全球化不再局限于经济、贸易金融层面，地球村以图像、影视、时尚内涵手段迅速将世界各地的人群拉近。今天的世界，很难找到一块自我封闭的绿洲。在全球范围内，在各文化、各宗教、各族群认同之上，正在或者已经形成一种同一的文化规范，同一的文化市场。全球一体化的时代召唤作为文化传承的执行者、传播者，商务英语教师应具备国际视野,理解和包容一切异己成分,将自我融入全球共同体,达到"和而不同"的境界。

全球化浪潮打破各国疆界,使得全球经济一体化。20 世纪 80 年代开始,由于发达国家本身劳动力成本迅速提高,发达国家某些劳动密集型制造产业,向发展中国家转移,产业转移将劳动密集型商品的生产和流通国际化。20 世纪中后期,特别是 21 世纪以来,发达国家的大公司跨国投资开办子公司,或者跨国并购别人的公司而改造成自己的子公司,把原来在其本国大规模、集中进行的生产和经营活动的各个环节,分散到接近销售市场和原材料供应市场、成本最低的世界各地,形成网络化生产。跨国贸易的高端新产品,其中包含的最新的、尖端的技术知识随之跨国流动,是人们通常理解的知识流动。各国之间交易的对象往往不是制成品,主要是专门的解决问题(研究、产品设计和装配)、识别问题(市场销售、广告、为客户提供咨询)和经纪方面(筹措资金、调研、签约)的劳务,以及某些常规的元件和劳务。这是在全球范围内进行生产要素的组合和配置。所有这些结合起来,创造了价值(联合国跨国公司中心,1982)。随着中国正式加入世界贸易组织,中国不可逆转地被卷入经济全球化的进程之中。作为培养中国经济全球化,服务于国际商务行业人才的商务英语教师,应具备全球化和经济一体化知识和背景,积极融入全球经济化的大潮中。

总之,商务英语的学科属性、专业教学内容、专业就业目标等都与全球化、世界经济一体化紧密相关,商务英语教师只有深谙世界各民族文化历史背景,具有全球化意识、世界胸怀的国际化视野,才能在教学中与国际接轨,实现人才培养的国际化。

2.4.2　国际商务行业背景素养

所谓国际商务行业背景是指教师对商务英语专业所涉及的国际商务各行业内容、系统、运作机制、产品等信息的深入、全面了解，并具有行业实际的认知、体验或工作经验。商务英语学科发展与其赖以存在的社会经济环境密不可分，根据商务英语学科和专业特点，商务英语教学需要具有丰富的行业背景知识和一定的专业实践经验。

1) 国际商务行业背景是商务英语课堂的需求

商务英语作为英语的一个功能性变体，是商务知识和英语语言的综合，具有其独特性(张新红、李明，2002)。商务英语教学是一种语言教学，更是一种技能教学。商务英语的特殊性决定了它的教学重点在于语言输出和语言交际能力的培养。

其一，这是由商务英语的特点所决定的。商务英语是一种职业话语，与商务活动之间具有密切联系的关系，是商务话语诸因素互动的产物。只有对商务活动有一个全面的了解，掌握商务活动知识，并对其中的规范和程序有清晰地认识，对语用策略娴熟运用，才能准确把握商务话语的实质特征(Bargie-Chiapini & Nicherson, 1999)。英国学者罗宾逊(P. Robinson)也将商务英语的特点归纳为：与一定的商务背景知识相联系；有明确地目的；以需求分析为基础；有时间上的压力(Robinson，1991)。这充分说明了商务英语的行业背景属性。目前，学界通常将商务英语分为一般用途商务英语和专门用途商务英语。但不管哪一种商务英语都与一定的商务背景知识相联系，都具有独特的行业特征，许多日常用词在商务英语的语篇中具有特殊的新意，只有在商务知识背景下，才能够很好地理解。因此，商务英语教师需要丰富的商务背景知识，将语言与商务知识相融合，寓商务知识于语言教学中。这是商务英语教学的特殊性，也是其区别其他种类的专门用途英语教学的重要特征。

其二，商务英语专业是一门应用性很强的专业，其教学理念是理论结合实践，以职业能力和素质培养为主线。商务专业课程中涉及到许多方面的应用型知识，如营销策略、物流渠道、国际金融、国际贸易实务、谈判技巧、商务社交礼仪、产品信息、人力资源、企业公关、商务会展等。对于这些专业商务知识的教学，教师如果没有丰富的行业背景素养，教学就会闭门造车，照本宣科，隔靴挠痒，既无法高屋建瓴，更不能深入浅出。因此，商务英语教师只有熟悉和了解商务英语行业背景，对其系统、程序、规范等有全面的了解，才能将商务知识与英语有机结合，利用、开发、设计内容真实、交际性强的，体现应用性、复合型的上述教学内容，使学生掌握商务知识，获得商务英语技能。

其三，商务英语教学中，构建商务英语交际环境十分重要。商务环境由交际任务、交际主题和交际的物理环境三方面构成。而其中的交际任务，即商务活动，尤为重要。商务英语交际任务需要商务英语教师用英语语言和商务行业背景知识来完成。此外，商务英语教学需运用大量的将教学理论与实践结合的教学方法，如项目设计法、案例法、课堂报告法、研讨会法等。以案例法为例，教学取材真实发生的事件或企业真实的议题，作为课堂活动师生讨论、生生讨论、探索分析案例的发生、发展的行为和原因。案例教学中教师的行业背景知识和经验十分重要，起到理论与事物之间的媒介与桥梁作用。商务英语教师在案例教学中需要担任多种角色：案例选择、改写工作；根据学生的语言和知识水平，设计若干与商务新紧密关联的案例问题；在讨论时，起到引导、启发等作用，并参与、帮助、监控学生的探索学习活动；主持案例总结，导出授课的重点内容，引入更深层次的谈论等；批改和讲评学生的课后案例报告等。可以看出，案例教学的每一个过程，都需要商务英语教师全面的、深入的、实际的商务行业背景，否则的话，任何一个环节都可能是商务英语教师的“滑铁卢”。

2）国际商务背景是商务英语课内外实践教学的需要

对于学科课外教学活动来说，商务英语教师的行业背景不可缺少。学科课外活动是指“在教学大纲以外针对学科特点有目的、有计划、有组织地开展多种多样的教学实践活动”（朱新春，2001）。学科课外活动是学科课堂教学活动的延伸、补充和拓展，从这个意义上，学科课外活动可以理解为学科课外教学实践。商务英语学科注重培养学生应用能力、创新能力和综合素质，校内的课外实践十分重要，是其人才培养的重要组成部分。配合课堂教学内容，商务英语教师需要组织学生开展丰富多彩的商务英语第二课堂活动和比赛，如产品发布会、营销策略研讨、企业人力资源开发、商务英语比赛、商务社交礼仪比赛。这些活动具有很强的专业性、综合性和实践性，需要商务英语教师具有良好的行业背景知识和经历。如果不具备行业背景知识和经验，纵使教师掌握了一般的学科课外活动方案设计程序和要求，也会由于专业性和综合性达不到而在这些活动中的作用有所缺失。拥有商务行业背景，才能使教师在设计、组织、指导、评估、总结这些活动中，纵横捭阖、挥洒自如、得心应手。

商务英语属于专门用途英语范畴，其内涵已扩展到跨学科的概念，包括国际贸易、金融、国际商法、市场营销、企业管理、电子商务和跨文化交际等。其突出特点是英语语言技能与商务专业知识的紧密结合，其专业学习与学生将要从事的行业中的交际需求密切相关,其最终目标是培养学生在商务环境中运用英语进行语言交际的能力(Ellis & Johnson ,1994)。因此,这种培养模式中除了校内的课外实践外,还有一些校外实习、实践等教学环节。这些环节的目的一是帮助学生了解未来行业情况,并亲自接触实际工作;二是通过实践活动使学生对自己在校学习进行反思,对在校学习具有反拨作用。要求教师指导学生进行商务英语沟通能力训练、商务技能训练和行业技能训练,指导学生参加相关的商务英语考试及商务英语职业资格考试及暑假、寒假的商务认知、体验实习等,使学生接触、了解、认识、体验未来就业岗位情况,为更快更好地融入未来所从事的行业做好准备。这些也对商务英语教师的行业素养提出了更高的要求,教师只有亲力亲为,积累一定的实践经验,才能切实带好学生的校外实践活动。当然这并不是要求商务英语教师对学生未来所面对的国际商务所有岗位群都有行业体验,而是教师对商务英语专业未来岗位都有普遍了解的基础上,对某个岗位群的工作内容、程序、流程、操作要领等具有深入了解和体验、甚至是亲自的一手的专业实践经验,在校外实践指导中,根据教师擅长的不同的商务英语领域,有针对性地指导学生实践活动,使学生通过校外实习了解具体商务行业的情况、市场行情,感受和认同商务行业文化。

当前,随着经济发展全球化的日益加深,中国更加深入地融入了国际商务活动中。国际商务行业背景素养对商务英语教师来说具有越来越重要意义,对商务英语学科的校内校外实践教学都至关重要。商务英语教师应不断提高其商务行业背景素养,以满足对商务英语专业人才培养的发展需要。

2.4.3 产学研结合素养

产学研结合素养是对商务英语教师更高层次的综合要求。

产学研结合是指充分利用学校与企业、科研单位等多种不同的教学环境和教学资源以及在人才培养方面的各自优势，把以课堂知识为主的学校教育与直接获取市价经验、实际实践能力为主的生产、科研实践有机结合的教育模式。所谓“产”就是生产，社会的生产，是生产力的综合发展和提高，或某一项制度的产生。综合起来可理解为社会综合的全面发展。“学”有几层意思，其一是教学、大学教育、学生的学习、教师的教学。“研”指研发、研究。教师以市场为导向，与市场接轨，借助社会企业的良好平台及资源，进行科研开发和科学研究（仵希亮，2010）。

产学研结合教学源于20世纪初美国辛辛那提大学，随后传播至全世界，成为世界教育科研改革的潮流，培养人才的有效途径。1993年联合国教科文组织通过了大学、企业、科技合作计划（UNISPAR），指出大学和企业的合作能够为发展中国家的工业化进程做出贡献，应该鼓励高校更多地参与工业化进程，吸引工商业与大学、企业、研究所合作发展。20世纪80年代后，我国引入产学结合教学。1991年，国务院转发了全国高等学校科技工作会议形成的主文件——《国家教委国家科委关于较强高校科学技术工作的意见》，明确提出“要实行教育、科技、生产三结合，加强部门和研究单位的合作联系。1995年，中共中央国务院发布《关于加速科学技术进步的决定》，提出科学性的伟大战略，强调继续加强产、学、研三结合；1997年教育部发出《关于开展产学研合作教育九·五试点工作的通知》，推进产学研教学工作的开展。国家“十一五”科技发展规划明确指出，以建设企业为主题、市场为导向，产学研结合的技术创新体系为突破口，全面推进国家创新体系建设。这是提高国家竞争力的重要举措（黄宗明，2008）。推进产学研结合工作是贯彻党的十七大以及全国科技大会精神要求、落实科学发展观、组织实施《国家中长期科学和技术发展规划纲要》的重要举措，是增强我国自主创新能力的必然要求，是关系创新型国家建设的战略性措施。产学研结合在高校最初是外部合作过程，强调科技成果的转化，产品技术的开发和应用，而从高校人才培养的角度出发，产学研结合将人才培养同社会紧密结合起来，能够促进教学、科技转化、生产发展，使人才培养更具针对性、科学性和应用性。因此商务英语学科的人才培养的产学研结合对商务英语学科意义重大，是商务英语教师必须具备和需要提升的素质。

产学研结合对商务英语学科人才培养、科学研究和社会服务都具有重要意义。商务英语产学研结合，改革教学内容与教学方法，是提高人才培养质量的基本手段，也是实现共同培养社会所需要的高素质应用型人才的目标途径。

首先，产学研结合能够促进商务英语教学内容更新和改进。当今社会，科学技术发展日新月异，新观念、新理念层出不穷，反映在商务英语教学中，要求其教学内容和教学材料都要与时俱进。教师作为教学活动的主体，其自身的知识的更新程度会直接影响到教学质量的提高。商务英语学科应与社会经济发展紧密联系，通过产学研结合，教师能够把研究过程中获得的和积累的国际商务前沿信息、新知识、新技术、新模式和科研成果加入到教学内容中来，贯穿在教学中，从而提高教学内容的时效性、应用性，使教学内容与时代社会发展紧密结合，提高教学内容的质量，拓宽学生的知识面。商务英语教师在产学研过程中，将具有最先进的一手材料用以商务英语教学，能够体现学以致用，知行合一，能够极大地激发学生课堂学习的积极性。

第二，产学研结合促进商务英语教学方法改革，建立商务英语校外、海外实习基地。产学研结合拓宽商务英语人才培养模式，使商务英语学科人才培养不限于课堂，教学与“产”，也就是与实践相结合。通过产学结合模式，学生所学的商务理论知识得到巩固，学生的综合能力得到提升，学生的自身素质得到全面提高。商务英语教师依托校外商务行业，选择国内外多家商务企业，建立商务英语校外实习基地，提供给学生商务英语专业认知、专业体验、综合实践等的真实实践场所，从而提高商务英语学生的应用能力和商务综合能力。企业、学校共同培养人才，拓宽商务英语办学模式，提高商务英语办学水平，提升商务英语人才培养质量。同时，学生在国内外商务企业实践过程中，接触社会、了解国内外商务企业或单位的情况，为未来的就业做好准备。

第三，产学研结合是开展科学研究的最佳途径，是提升商务英语教师科研能力有力手段。通过产学研结合，教师根据在产学中发现的问题，科研选题根据经济社会发展的现实需要，可以找到科研的突破口，关注商务英语学科中微观的、操作层面的实际问题，具有很大的现实意义。同时，由于有产学研途径，产学研各方可以充分地协商、交流、研讨，形成解决方案，解决实际问题。其二，产学研结合为教育教学提供了良好的平台，可以三方组建商务英语学科团队，形成相对固定的产学研合作体系。其三，产学研可以为商务英语教师提供产学研课题的研究，将理论与实践结合起来，为企服务，在合作过程中共同提高和进步。

第四，产学研促进商务英语学生能力全面提高。产学研将企业与学校教育联系起来，解决了传统的学校教育与社会脱节的问题，缩小了商务英语教育与社会对人才培养之间的差距，增强了学生的社会竞争力。商务英语教师在开展产学研的过程中，同时也培养了学生的实践能力,促进了学生素质和创新能力的提高。

产学研结合背景下的大学生创新活动能够提高学生的商务英语专业素质。教师通过产学研合作课题中的研究及产学实际中发现的问题提出创新课题,学生积极参与课题的前期的研究,开拓学生的视野,拓宽学生的思维,提高学生的创新意识。再者,商务英语学生的毕业设计是学生综合应用基础知识和商务专业知识解决国际商务实践问题的重要教学环节,产学研背景下的毕业课题有利于提高学生的分析问题、解决问题的能力,提高学生商务英语交际能力。

第五,产学研结合促进商务英语教师素质不断提高。商务英语教师产学研结合能够促进教师将商务英语学科理论和商务英语知识与实践相结合。实践是认识的基础,是理论和知识发展的动力。理论指导实践活动,对于实践具有巨大推动力。理论到实践,再从实践到理论的过程,形成了知识的升华,增加教师的商务英语理论素养和实践技能。再者,商务英语教师产学研过程,是教师从学校走向社会,走向商务企业,把握市场人才需求动向,有力提高商务英语教师的商务行业背景知识和体验,使得其教师的专业技能得到巨大的提升。其三,产学研的过程中,商务英语教师形成多层次的研究团队,有利于形成团队合作意识,共同提升和发展其教学水平、科研水平。

第六,通过产学研结合平台,商务英语教师利用学校资源和自身知识和技能,服务社会。商务英语教师可以为政府机构、商务企业等承担商务英语口译、笔译工作,为企业和政府等部门提供商务英语培训服务。通过产学研背景下的服务社会工作,商务英语教师提高其适应经济社会发展的能力,同时对校内的商务英语人才培养的教学方式方法,教学内容、教学模式等都有反拨和启示作用，从而全面促进商务英语教师的人才培养能力和素质。

产学研结合是一种以市场和社会需求为导向的运行机制，其应用性、实践性、社会性、创新性与商务英语学科的人才培养目标完全契合。产学研结合，既是商务英语教师必备的专业素养，又是提升商务英语教师专业素养的方法与途径。商务英语教师应借鉴国内外产学研的理念、模式，根据国内外产学研发展的新趋势，增强自身商务英语产学研结合素养，积极探索商务英语学科产学研的新途径，推动商务英语产学研结合向前发展，提高商务英语学科人才培养质量。

从以上分析可以看出，商务英语学科的应用性、交叉性等特点，对其教师的知识与能力素质以及其他素养提出了多方位的要求。如果说，普通英语学科要求教师要具有深入的英语语言领域学科知识和科研能力，目前高校对英语语言本科的专业教师的学历背景要求是博士学历水平，那么对商务英语师资的要求则是知识的广博和知识点复合型，以及在能力上的应用性更大，商务英语教师在具有英语语言知识能力水平基础上，能够把国际商务学科知识的学习和语言学习融合，培养学生从国际商务角度理解问题解决问题，并能够熟练运用英语语言，解决国际商务问题，进行国际商务工作。商务英语教师只有不断提高自己的知识与能力水平，才能跟上商务英语学科时代发展需求，才能成为合格的商务英语教师。

参考文献

Bargiele-Chiapini, F. & Nicherson, C. 1999. Business Writing as Social Action in Writing Business: Genres, Media and Discourse [M]. New York: Pearson Education Inc.

Dudley-Evans, T. 1994. Genre Analysis: An Approach to Text Analysis for ESP [A]. In M. Coulthard (ed). Advances in Written Text Analysis [C]. London: Routledge.

Dudley-Evans, T. & St. John, M. 1998. Developments in ESP [M]. Cambridge: Cambridge University Press.

Ellis, M. & Johnson, C. 1994. Teaching Business English [M]. Oxford University Press.

Hutchinson, T. & Waters A. 1987. English for Special Purposes: a Learning-centered Approach [M]. Cambridge University press.

Lang, D. L. 1990. A Blueprint for a Teacher Development Program [A]. Richard, J. C. & Nunan, D. Second Language Teacher Education [C]. Cambridge: CUP.

Pickett, D. 1989. The Sleeping Giant: Investigations in Business English International [J]. 1/1.

Roberts, J. 1998. Language Teacher Education [M]. London: Arnold.

Robinson, P. 1991. ESP Today [M]. Prentice-hall International (UK) Ltd.

Samovar, L. A., & Porter, R. E. 2004. Communication between Cultures [M]. Beijing: Beijing University Press.

Stevens, P. 1988. ESP After Twenty Years: Appraisal [A]. M Tickoo (ed.). ESP: State of the Art [C]. SEAMEO Regional Language Centre.

Wagner, J. 1995. What Makes a Discourse a Negotiation? [A]. In Ehlich, K. & Wagner, J. (eds.) The Discourse of Business Negotiation [C]. Berlin: Mouton de Gruyter.

Widdowson, H. G. 1997. EIL, ESL, EFL: Global Issues and Local Interests [J]. World Englishes, 16/1.

阿瑟-刘易斯. 1987. 国际经济秩序的演变[M]. 梁小民,译. 北京:华夏出版社.

鲍文. 2009. 商务英语学科论[M]. 北京:国防工业出版社.

鲍文. 2010. 商务英语教学论[M]. 北京:中国广播电视出版社.

程世禄,张国扬. 1995. ESP的理论与实践[J]. 外语教学与研究.

丁涛. 2009. 产学研结合是高校课持续发展的重要动力[J]. 安徽工业大学学报(4).

甘正东. 2000. 反思性教学:外语教师自身发展的有效途径[J]. 外语界(4).

桂诗春. 2004. 我国外语教学的根本出路[J]. 中国外语(1).

胡俊杰,顾大僖. 2008. 合格外语教师标准研究[J]. 浙江师范大学学报(1).

黄国文. 2004. 语篇分析的理论与实践——广告语篇研究[M]. 上海:上海外语教育出

版社.

黄宗明.2008.面向经济建设主战场把产学研合作引向深入[J]. 中国高校科技与产业(9).

贾玉新. 1997.跨文化交际学[M]. 上海:上海外语教育出版社.

赖恒静. 2009.我国外语教师教育与发展研究现状及问题[J]. 教育与教学研究(5).

联合国跨国公司中心编.1982.再论世界发展中的跨国公司[M]. 北京:商务印书馆.

连榕.2007.教师专业发展[M].北京:高等教育出版社.

梁中贤.2004.美国外语教师发展新趋势[M]. 外语界 (6).

林添湖.2001.试论商务英语的学科发展[M].厦门大学学报(哲学社会科学版) (4).

林添湖. 1999.国际商务英语研究在中国[M]. 厦门:厦门大学出版社.

刘法公.2003.论基础英语与专门用途英语的教学关系[J].外语与外语教学(1).

柳青军,李娟. 2006.商务英语课程体系与教学模式构建研究[J].山东外语教学(6).

罗伯特·赖克.1994.国家的作用——21 世纪的资本主义前景[M].徐获洲,译.上海:上海译文出版社.

阮绩智.2005.大学商务英语课程目标及教学原则[J].外语界(5).

束定芳,庄智象. 1996.现代外语教学——理论、实践与方法[M]. 上海:上海外语教育出版社.

束定芳.2004.外语教学改革:问题与对策[M]. 上海:上海外语教育出版社.

陶本一.2002.学科教育学[M]. 北京:人民教育出版社.

王关富,张海森.2006.商务英语独立学科设置可行性研究 [A].第七届全国国际商务英语研讨会论文集[C]. 北京:对外经济贸易大学出版.

王巾,金旻.2007.交际法指导的商务英语教学对教师素质的要求[J]. 长春师范学院学报(人文社科版)(5).

王军,侯天皓. 2009.谈如何加强高校商务英语专业的师资队伍交涉与课程建设[J]. 吉林师范大学学报(3).

王友良.2008.专门用途英语研究综述[J].中南林业科技大学学报(6).

仵希亮.2010.产学研结合与社会发展[J].华北电力大学学报(6).

夏纪梅. 2006.外语教师发展问题综述[J]. 中国外语(1).

辛广勤. 2006.论述大学英语教师在岗自我发展[J]. 国外外语教学(3).

于兰,孙启林.2007.解析外语教师发展[J]. 教育科学(2).

袁庆荣.2009.加强商务英语师资建设的研究[J].长春理工大学学报(3).

张锦东. 2003. 适应社会经济发展需要加强高等学校产学研结合 [J]. 北京化工大学学报 (1).

张新红,李明. 2002. 商务英语翻译[M]. 北京:高等教育出版社.

朱新春. 2001. 教学工作技能训练[M]. 北京:人民教育出版社.

朱旭东. 2011. 教师专业发展理论研究[M]. 北京:北京师范大学出版社.

第3章
››› 商务英语学科教师自我指导学习发展机制

3.1 商务英语教师自我指导学习发展理论基础

商务英语教师自我指导学习发展机制的构建基于西方人本主义理论和自我指导学习理论。

3.1.1 人本主义理论(Humanism)

人本主义是20世纪50年代兴起于美国的西方心理学思潮和革新运动,它反对行为主义的环境决定论,主张研究人的本性、潜能、经验、价值、创造力及自我实现。其主要代表人物有马斯洛(A. H. Maslow)、罗杰斯(C. R. Rogers)、梅(R. May)、布根塔尔(J. Bugental)。

美国社会心理学家、人本主义心理学家马斯洛对人的动机持整体的看法,提出“需要层次论”的动机理论。他认为人类动机的发展和需要的满足有密切的关系,需要的层次有高低的不同,低层次的需要是生理需要,向上依次是安全、爱与归属、尊重和自我实现的需要。“自我实现”指创造潜能的充分发挥。追求自我实现是人的最高动机,“自我实现”也是教育的职能和目的。具体地讲,在教育的帮助下,激发学习者的学习动机,发展学习者的潜能和积极向上的自我概念,从而使学习者能够进行自我教育,最终达到自我实现的目的。

美国人本主义心理学家罗杰斯的自我论与马斯洛的观点基本一致,罗杰斯重视人的情感在认知中的作用,认为它们是浑然一体、密切相连的。“创造性的思想和观点常常在淋漓尽致地表现我们的情感之际出现,而且源于这种淋漓尽致的表现。”作为一个整体人进行创造性活动,这种整体性首先表现为人的知情活动的合二为一。罗杰斯强调教育的目的是要培养“完整的人”和“自我实现的人”。“完整的人”就是“躯体、心智、情感、精神、心灵力量融汇一体的人”,也就是知情合一的人。而“自我实现的人”是指“把学习者作为一个完整的个体加以接受,学习者当作具有情感、埋藏着大量潜能的一个尚未至臻完善的人”(Rogers,1975)。学习者个体内部具有大量的有助于自我理解、有助于更改自我个体概念、态度和自我主导行为的资源,并朝着充分“发挥机能”的方向前进。

人本主义理论主张人性是“持续不断地增长”的,追求自我完善推动着个体不断地发展和完善自我;人性是天生善的,人类机体有能力进行自我指导,能对自己的行为,在自我实现动机驱使下,只要提供适当的环境和机会,人性就能向健康的方向发展,人性是自主的,是能进行自我选择的。人本主义价值观是一种自主的、有意向的、趋向健康成长的价值体系,基本倾向是保持真实性、自主、自由、自我选择和自我决定。

人本主义理论学习观是以意义学习为核心的,学习的本质在于有意义的学习,学习内容只对学习者产生意义。这种有意义的学习是指学习者做出一种自主、自觉的学习,不仅涉及了认知成分的参与,还与学习者的内在情感、需要、兴趣、能力、知识经验等整个人相联系。因此,真正有价值的学习指有意义的学习。

首先,人本主义强调有意义的学习。罗杰斯(1994)把意义学习分为四个要素:(1)学习具有个人参与的性质,即整个人情感和认知两方面,都投入学习活动;(2)学习是自我发起的,即使在其动力或刺激来自外界时,要求发现、获得、掌握和领会的感觉也是来自内部的;(3)学习是渗透性的,也就是说,学习者的行为、态度乃至个性都会产生变化;(4)学习是学习者自我评价的,因为学习者最清楚这种学习是否满足自己的需要,是否有助于了解他想知道的东西,是否明了自己原来不甚清楚的某些方面。有意义学习不仅是使个体增长知识的学习,而且是与每个人各部分经验都融合在一起的学习。自我评价是使学生自发学习成为负责任学习的重要手段。

其二,人本主义强调自主式学习。罗杰斯(1975)认为学习是个人潜能的充分发展,是人格的发展,是自我的发展。人本主义主张在教学活动中,学习者是学习活动的主体,是发展的主体,学习是学习者主动探究发现的过程。人本主义学习理论鼓励学习者在元认知、动机、行为方面积极参与。学生应根据自己的特点和需要,在学习过程中,独立地确定自我学习目的、学习目标、学习内容与方法、合适的学习策略,独立地获取知识,并能形成自我评价方法,采取设计并执行学习计划,监测学习过程以及评估结果。

其三,人本主义强调创造性学习。人本主义主张学习者在学习过程中应不断尝试,有意识地应用自身的分析、综合等能力主动发现问题，寻找问题答案，创造性地解决问题，进行创造性的学习。人本主义教育理论特别重视学习者在学习过程中的情感体验，认为学习的最大障碍是焦虑和厌倦，而快乐和放松是学习效率提高的重要条件。

其四，人本主义强调情意促进式学习。人本主义主张学习者是具有智力和情感的完整个体，具有不同经验的人在感知同一事物时，反应也是不同的。学习不是刺激与反应的机械联结，而是有意义的心理过程和情感的体验过程。因此，人本主义重视学习者的兴趣、动机等情感因素在学习过程中的重要作用。学习者应在学习过程中，注意消除顾虑和焦虑不安感，勇于尝试，寻求舒适、宽松的学习环境，使自己能够心情愉快，信心充足地进行各种有意义的学习。

其五，人本主义强调学习者个性的发展。人本主义教学观以其人性观为出发点，以发展创造力为核心，以形成独特的个性为归宿，认为个性是建设性的、可依赖性的，学习是寻求一种精神比较自由，能独立自主、自由学习的条件，是促进知识的获得和自我实现的工具。也就是说，"一个人必须依靠自己发现、发展和完善隐藏在内心深处的'自我'，依靠自己在这个世界中所获得的经验，并借助于情感和认知合二为一的认知途径，形成一个充分独立的、创造性的、充满着真实、信任和移情理解的完整的人"（方展画，1990）。因此，人本主义观下的学习能够发展学习者比较、判断、选择、质疑、辩论等方式，发展学习者分析、总结、概括等能力，形成学习者个性的过程，是促进学习者独立人格和个性的发展过程。

人本主义理论的核心思想就是重视人的发展、人的价值和潜能，强调人的主动性和创造性，强调人的整体性、独特性和自主性,主张人的潜能发展的可能性及其来来的乐观前景。因此,从人本主义的角度来看,教育应以人为中心,发挥学习者的本性与潜能、需要与自我实现。相信学习者可以把握自我实现过程中的正确方向,相信人具有创造力,并重视人的主观能动性和人的个体发展以及人的情感因素在学习过程中的作用,充分发挥学习者的学习潜能,使学习者积极参与学习过程,培养学习者乐于探索、勤于动手和独立解决问题的能力。发挥学习者个体的创造性,发挥学习者自我实现的潜能,实现学习者不断进步与发展的目的和价值。

3.1.2　自我导向学习理论(Self-directed Learning)

自我导向学习(Self-directed Learning)理论起源于西方成人教育领域,该理论主张学习者个体对学习过程的全面负责和全面管理,在成人教育领域引起广泛的重视和巨大反响。

"自我导向学习"一词最早由 20 世纪 60 年代,美国学者霍尔(C. O. Houle)在对成人学生深度访谈基础上,依据参与学习的动机将其分为三种类型:目标导向的学习、活动导向的学习和学习导向的学习。目标导向的学习,其参与学习主要是为了达成某些目标;活动导向的学习,其学习是基于活动本身的意义性;学习导向的学习,其参与学习主要是为了满足求知和成长的渴望,是为了学习而学习(Houle, 1961)。霍尔的研究为自我导向学习理论提供了基本架构。

其后,霍尔的学生加拿大成人教育家塔夫(A. Tough) 经研究证实成人学习具有自我规划的倾向和特质,正式提出"自我导向学习(self-directed learning) "这一术语,并对"自我导向学习"做了如下定义:自我导向学习是由学习者制订学习计划和引导学习活动进行的自我教学。为进行自我导向学习,学习者必须具备选择和表现出适宜的准备步骤、诊断何种协助是必要的、选择和使用有益的资源、分析整个学习计划等四种能力(何爱霞,2009)。之后,许多学者对自我导向学习理论进一步研究。美国成人教育学之父诺尔斯(M. Knowles) 认为:自我导向学习是一种由个体自己引发,以评判自己的学习需要,形成自己的学习目标,寻求学习的人力和物质资源,选择适当的学习策略和评鉴学习结果的过程。戈瑞森主张自我导向是一个程度问题,而非不全则无的现象。黑姆斯特拉(R. Hiemstra)则认为自我导向学习是内部因素和外部因素的统一,并不是学习者的鼓励学习,成年人和未成年人都可以进行自我导向学习(Hiemstra, 1994)。

随着研究的进一步深入,研究视角转向影响学习的内部因素——学习者身上。

格利尔米诺(L. M. Guglielmino)等人从"个人取向"的新视野出发,认为自我导向的学习者是能自行引发学习,具有自我训练的能力,有强烈的学习欲望和信心,能应用基本学习技巧,安排学习步骤,并利用时间完成学习计划的人(Guglielmino, 1997)。

综上分析,可以看出,自我导向学习核心是指学习者根据社会、职业和个人的发展需要,评判自己的学习需求,形成学习目标,拟定学习计划,寻找学习资源,运用学习策略并评价学习结果的一种学习活动。自我导向学习可以是一种过程,一种能力,或一种学习形式。它是一种有目的、有计划并系统实践的学习活动,是学习者在实践中获得知识与技能,发展能力,形成价值观,促进个性和才能全面发展的学习活动。

21 世纪以来,随着终身教育、终身学习与学习型社会的推进,越来越多的学者从教育学、心理学、社会学等多方面探讨自我导向学习的内涵，丰富和拓展自我导向学习理论，形成了诺尔斯、朗、布诺卡特、格罗等自我导向学习模式。

诺尔斯（M. Knowles）自我导向学习模式将自我导向学习分为七个阶段，分别是：气氛营造；使学习者参与设计；学习者自身参与确认其学习需求；使学习者能形成学习目标；让学习者设计学习计划；帮助学习者实施学习计划；使学习者能评价其学习结果（Knowles，1975）。

朗（M. Long）的自我导向学习观认为，完整的自我导向学习理论应该包括研究环境、个人、学习过程中的社会变量及学习结果等现象的关系，因此，自我导向学习的主要要素为环境或信息、学习者、学习过程、学习结果。同时，学习导向也因不同的人和不同的场合而不同。不同的学习者有不同的学习导向，对于同一个学习任务，有的学习者可能是自我导向的，有的人则更倾向于他人导向。甚至个人在不同时间、场所也可能采取不同的学习导向（Long，1995）。

布若卡特和哈姆斯特拉（R. G. Brockett & R. Hiemstra）提出了个人职责导向模型，认为自我导向学习理论的构建应从社会学、教育学和心理学三个维度来检验，强调个人职责作为理解自我导向的核心概念。个人职责导向学习模型认为个人学习者对学习方向的选择反映了学习者的个性倾向性。伴随着选择，学习者需要对自己选择的思想和行为所产生的结果负责任。所以，自我导向学习是一个指导过程，同时也是学习者的个性特征。同时，个人的个性特征和教与学的过程对于理解自我导向来说是起点，社会背景为学习行为或者学习结果的创造提供了一个竞技场（Brockett & Hiemstra，1991）。因此，个人职责导向模型过程和学习者个性特征的结合，是外部因素和内部因素的统一，亦即个人与学习者的社会环境的统一。

格罗欧(G. Grow)则提出了阶段自我导向学习模式。他将自我导向学习的发展分为四个阶段。第一个阶段为低自我导向学习者。在这个阶段,学习者学习能力不高,需要一位权威或老师来指导,进行自我导向的学习。第二个阶段是具有适度自我导向的学习者。这个阶段的学习者,对学习抱有兴趣,愿意完成有目的的学习任务,但是对学习主题的意识性不强。第三个阶段是中等自我导向学习者。这个阶段的学习者具有基本的知识和技巧,参与意识强,愿意探索和独立完成任务。第四个阶段是高自我导向学习者。这个阶段的学习者建立他们自己的目标和标准,他们通过专家或教育机构或其他资源去追求自己的目标(Grow,1991)。格罗欧认为根据不同的学习者,教师或者促进者要对处在不同阶段的学习者采用不同的教学策略,进行相应的指导,帮助他们完成自我导向的学习任务。

自我导向学习理论调动学习者内在动力,发挥学习者个体的主动性和创造性,对商务英语教师的自我指导的学习发展具有重要的指导和启示作用。

3.2 商务英语教师自我指导学习发展概念与特征

3.2.1 商务英语教师自我指导学习概念

商务英语学科的属性和教学特征不仅要求商务英语教师具有扎实的英语语言功底,保持良好的语言水平,还要具备相关的商务知识,同时要求教师具有较高的综合能力和多元素养。而我国商务英语教师的知识、能力素养的储备现状不容乐观,教师应在其职业发展阶段学习和补充最新发展的语言教学理论和商务英语教学理论,用其指导教学实践,并且要树立终身学习理念,不断提高自身教学理论水平和科研理论水平。鉴于此,根据人本主义理论和自我的导向学习理论我们构建商务英语自我指导学习发展机制。

商务英语教师自我指导学习是指商务英语教师在独立性、自觉性和批判性的思维下,根据自己教育教学需要和个人的发展需要,评判自己的学习需求,确定学习目标,选择学习内容,设计自我学习计划,寻找学习资源,运用学习策略并评价学习结果,实现学习目标的活动。其内容包括自我计划学习、自我计划研究等。在这个过程中,教师学习动机是自我驱动的,内容是自我选择的,策略是自我调节的,时间是自我管理的,教师还可以主动营造有利于学习的物质环境和社会环境,并能对学习结果做出自我判断和评价的学习。

商务英语教师自我指导学习从教师个体出发,重视教师的能动性和创造性,发挥教师潜能,进行有意义的学习,在促进商务英语教师专业发展方面具有很大的推动作用。

首先,商务英语教师自我指导学习有利于适应商务英语教师个体差异。前文已分析过,目前高校商务英语学科教师来源背景不尽相同。其一,教师的学科知识储备具有差异,有的教师以英语语言背景为主,有的教师则商科背景明显。其二,教师的学历背景也不相同,有的是英语本科 + 硕士 + 博士,有的是英语本科 + 商务硕士,有的则完全是商科背景。不同背景的教师需要对各自缺乏或薄弱的知识与能力点进行补充学习,因此,教师的学习内容、学习兴趣需求各不相同。同时,每个教师的心理活动和已有的知识经验,以及解决问题的能力都有很大的个体差异。自我指导的学习,由商务英语教师依据自己的学习需求进行,根据自身情况,自主采取学习策略,并根据学习情况决定学习的节奏和速度。这样的个性化学习活动过程完全个性化,学习的进程个性化,探索知识空间的路径个性化,学习过程中得到的反馈信息等的个性化,既能顾及学习者的个别差异,又能满足学习者不同的学习需要,从而实现每个教师的社会价值和个人的自我实现。

第二,商务英语教师自我指导学习有助于发展教师的创造力。当今社会,教师的职业专门化已经成为当今国际教师教育的一个重要发展方向,教师不仅应是传递知识的教学者,更应是具有反思能力的研究型教师。商务英语学科要求其教师具有较高的综合能力和创新能力。而在自我指导的学习中,商务英语教师不断探索,不仅要掌握所学的知识,更重要的是要掌握学习的方法,也就是要进行元认知技能的训练,进行有效的学习。

教师在个别化学习过程中,围绕问题在适应性学习环境中展开探究活动,通过丰富的媒体资源获取可以帮助他们解释和评价科学性问题的信息,根据信息形成解释,对科学性问题做出回答,学习的过程就是探索的过程。不断自我指导的探究学习培养了商务英语教师的研究能力,而研究能力是商务英语教师创造力发挥的基础。创新能力是商务英语教师职业超越工匠的特征,成为商务英语教师专业化程度的核心内涵。在商务英语教师专业发展中,倡导教师自我指导学习能够促进教师逐步养成创新意识,形成创造性思维,积极吸收最新的商务英语教学研究成果,国际商务最新发展内容,并将其运用到教育教学中去,在教学实践中逐渐形成独创的见解,继而发现行之有效的新的教学方法与手段,逐步成长为满足商务英语学科需要的和社会发展要求的,不断学习、不断探究、不断创新的研究型教师。

第三,商务英语教师自我指导学习有利于教师专业终身发展。商务英语是一个发展的、开放的学科，它与经济社会发展紧密相关，并随着经济社会的发展而发展变化。随着国际商务的不断发展，其学科内的知识更新的步伐不断加快，加之科学技术的突飞猛进，不断会有新的内容增加到商务英语教学和研究中。这就需要商务英语教师不断学习，与时俱进，不断提高教育教学水平和研究水平。商务英语教师应顺应时代的变化与发展需求，转变成为不断进行自我认识、自我调整、自我学习的终身学习者，在持续学习和不断完善自身素质的过程中实现专业发展。而自我指导学习是学习的最终目标，也是培养终身学习的方法。因此，商务英语教师进行自我指导学习，可以在持续学习和不断完善自身素质的过程中树立正确的专业理想，完善商务英语教学知识与技能，形成独立思考和自主学习的习惯，同时加深对专业的理解，更新知识结构，实现商务英语教师专业的终身发展。

3.2.2　商务英语教师自我指导发展特征

基于人本主义和自我指导学习理论的商务英语教师自我指导发展机制强调发挥教师潜在学习能力和教师的学习责任，具有以下多种特征。

1）自主指导

在商务英语教师自我指导学习中，教师完全对自己的学习负责，通过自己的自觉、能动的活动获得知识与能力。教师自己设定学习目标，制定学习计划，运用学习策略，自我支配和控制学习活动，依赖于自己的实践活动，自我评价学习效果。也就是说，商务英语教师自我指导学习是教师态度、能力和学习策略等因素综合而成的一种自我主导学习的内在机制，是教师指导和控制自己的学习能力，制订学习目标的能力，针对不同学习任务选择不同学习方法和学习活动的能力,对学习过程经常监控的能力以及对学习结果进行评价的能力等。

具体来说,这种学习一是商务英语教师具有独立的主体意识,了解自己的具体情况,对自己有清楚地认识;二是商务英语教师有明确的学习目标和自觉积极的学习态度。由于深谙自己的知识、能力、水平、经验等情况,教师可以自主设定符合自己情况的学习目标;三是教师独立探索学习内容。在自主设定学习目标的基础上,商务英语教师选择能够达到学习目标的学习内容,并进行自主学习和探索;四是在目标设定、内容选择的基础上,商务英语教师充分利用自身和外界的积极因素,主动认识、学习和接受教育影响,以达到学习目的,完成学习目标,解决目标问题。五是商务英语教师能够对自己的学习活动进行自我支配、自我调节和自我控制,并促进自身潜能的充分发挥,做到情感与认知结合。自主性的商务英语教师自我指导学习,强调教师在学习中的主体地位,重视教师在学习活动中积极主动的反应,因此,教师的学习动机强,效果好,学习能动性高。

2) 策略导向

商务英语教师自我指导学习是一种策略性的学习。为顺利进行独立探索,商务英语教师需要运用必要的学习策略。所谓学习策略,是指在学习活动中,为达到一定的学习目标而采用的学习规则、手段、方法和技巧。商务英语教师需要根据学习对象的特征以及自我的需要、特点来合理选择学习策略,积极寻找适合自己独特的学习方法,并在实现学习目标的过程中不断反思、反馈,进而去重新体验整个认知的过程,最后形成较为系统的自我指导的学习方法,以提高自我指导学习的效率和效果。

3) 自我探索

商务英语教师自我指导学习建立在教师的独立学习之上。

在自我指导学习中，商务英语教师独立开展学习活动，自行解决学习问题，完成学习目标。具体来说，在学习中，独立性首先表现在教师是独立的个体学习者，学习中所有的活动都要教师自己独立完成。教师必须对学习内容自己观察、读书、分析、思考和反思，从而达到理解事物，获取知识，增强能力，解决问题的目的。其二，商务英语教师是具有独立人格、独立思考力的人。在自我指导学习中，商务英语教师需具有独立的学习能力，这种独立的学习能力表现在独立获取知识、学习基本技能，通过自主实践感悟、积累、领会和内化所学的知识和技能。其三，独立性还表现在，自我指导的学习中，商务英语教师需要独立获取学习资源，充分利用内、外部的各种有利的学习因素，例如网络资源等，以获得学习的成功。

4）反思生成

商务英语教师自我指导学习，不仅仅是记住知识、概念的学习，而且是不断丰富自己的认知结构，生成自己的思维成果的过程。个体在学习新知识时，要在原有的认知结构中找到与新知识的联结点，才能发生同化和顺，进而不断地接纳新知识，整合已有知识，拓展知识容量（Piaget，1969）。因此，只有通过“同化”、“异化”不断地自我更新，才有可能在原有的认知结构中生长出新的东西，为下一步学习创造条件，进入良性循环，使已有的认知结构充满发展力。商务英语教师已有丰富的生活经验，在自我指导学习中，商务英语教需要将其已有经验作为其学习的出发点，通过自我提问、置疑、分析、对比其他人的观念等办法来活化已有的知识，使其精华部分转化成自己的信念系统，并通过反思、筛选自己的思维成果，使之具体化。教师将学与思结合起来，注重感知、记忆，还要注重感悟、反思，这样才能总结、归纳所学的知识，使知识结构化、系统化，又能发现新问题，成为下一个学习、探索阶段的起点。

5）自我评价

商务英语教师自我指导学习中，教师自定学习目标，自订学习计划，做好学习准备。在学习活动中，自我监控、自我反馈、自我调节学习进展和学习方法，并对学习结果能进行自我检查、自我总结、自我评价、自我调整和自我补救的学习是商务英语教师自我指导学习的重要特征。教师在学习中，采取一种积极的态度对待自己的学习的每一个步骤，运用学习策略独立完成自己的学习任务，全面负责自己学习的学习过程和学习能力。自我监控学习过程和自我检测学习结果中，教师能够准确地推测自己的学习结果，并对整体学习计划以及局部学习计划做出控制和调整。

6）随机灵活

由于商务英语教师自我指导学习具有独立性和自主性的特征，商务英语教师可以根据自己的实际需要，随时、随地进行自我指导学习活动。这种自我指导的学习不受时空限制。商务英语教师的自我指导学习时间随机，可自主安排学习时间。商务英语教师的自我指导学习不受场所限制，学习场所灵活，如在学校、家庭、图书馆，在汽车上，在旅行中。商务英语教师自我指导的学习内容丰富广泛，能够充分满足教师的个别差异，满足教师的自我需要，适合不同年龄和不同教学认知背景的商务英语教师。同时在这种灵活性的学习中，商务英语教师根据自己的身心特点、知识经验和需要，灵活选择适合自己的学习方式、学习策略，通过自我探索，而不断获得专业发展。

7）终身发展

商务英语教师自我指导学习目的是提高教师自主学习能力。

在自我指导的学习中,商务英语教师的批判性思维能力、独立探索能力和自主能力都得到发展和提高,而这些能力的发展反过来又促进教师自我指导学习能力的提高,这样就使商务英语教师自我指导学习持续、不断地发展和提升。同时,商务英语自我指导学习的技巧、方法、手段和策略也在学习中得到不断提高和发展。因此,可以说,商务英语教师自我指导学习是一个量变和质变统一,由一个阶段发展到另一个阶段的量变积累到一定程度则出现质的飞跃的持续发展过程。在这个持续的发展过程中,商务英语教师的知识、能力、素养得到不断地提升,逐步发展成为具有专业化标准的商务英语教师。

3.3　商务英语教师自我指导学习发展模式

3.3.1　商务英语教师自我指导学习步骤

根据商务英语学科特点和属性,我们构建商务英语教师自我指导学习模式,其步骤可分为学习过程前、学习过程中和学习过程后三个阶段。

1) 自我指导学习过程前

商务英语教师自我指导学习过程前阶段十分重要,这是个整体构架、设置方案的阶段。在这个阶段中,商务英语教师首先应制定个性化发展计划。制定个性化发展目标是第一步,也是至关重要的一步。制定学习计划的基础一是要了解商务英语学科教学的内涵、特征和教师岗位知识、能力、素质结构要求;二是进行自我评价,了解当前自身所具备、薄弱或所欠缺的知识、能力和素养;三是结合教师本人的特点和兴趣。商务英语是以英语语言为核心,与相关经济、管理、法律、教育等相关学科的交叉性学科,这些知识和理论的交叉综合体不是指所涉及各个学科的全部,而是各种上述有关学科的最基本的内容。因此,教师的发展也应从自己的兴趣与爱好出发,自主学习有一定基础或感兴趣的那部分内容。在自我导向发展模式中,目标的设置并非完全由学校或权威单位决定,而是教师根据学校发展背景和自己的意愿,结合自身情况及所在环境为自己量身订制。

学校和二级学院可以为教师提供大方向的指导和把握,在实际操作环节中给予引导和帮助,但是需让教师发展过程中体现个性化,因人而异。计划的设定还应注意两个结合点:一是结合本学校和本学院对不同年龄段的商务英语教师发展的要求以及本阶段中任务的要求,使自身发展、学校规划与学生成长三者协调一致。二是与个人实际发展状态相结合,着重在学历晋升、职称晋级、教学知识的增长和教学实践经验的丰富等几方面展开计划。

目标的制定必须清晰、具体、现实和可测量,应考虑结合日常教学工作,把在工作中难以解决的具体问题或仅靠现有理论或书本知识难以解决的实际问题重点列为发展性目标中的要点。具体计划中,可以按时间的长短,制订五年的长期学习计划、一年的中期学习计划和一学期的短期学习计划,也可以是一个月或一至两周内的以解决任务为中心的学习计划。

2)商务英语教师自我指导学习中

在确定自我指导学习计划后,商务英语教师进入自我学习的实施阶段。这个阶段包括选择学习策略、寻找学习资源和进行学习活动。

学习策略是帮助理解、学习或保持新信息的特殊思想或行为(O'Malley & Chamot, 1990),是学习者用来获取知识的具体技巧和手段(Rubin,1975),具体来说,是学习策略是指学习者为了促进新知识、新信息的内化、储存、修正和记忆而有意识或无意识采取的各种计划、行为、步骤、方法和过程(Oxford,1990),包括认知策略、元认知策略和资源管理策略。

认知策略是指用以支配自己的心智过程的内部组织起来的技能(Gagne,1977),意在突出个体对自己内部的认知活动的调控。认知是个人自主控制其内在心理活动历程从而获得新知识的一切方法。商务英语认知策略就是指有助于积极选择策略进行有效的学习的方法、技巧和手段,如商务英语听力技巧、商务英语交际策略、商务英语阅读策略、商务英语写作技巧、商务英语翻译技巧、国际商务跨文化技能。

元认知策略又称为"认知的认知",是以认知策略为基础,以自身认知系统为认知对象,对主体认知过程的自我意识和自我评价。元认知策略包含元认知知识和元认知操作。元认知知识指学习者对各种认知策略内涵、作用以及操作的了解,对作为商务英语学习者自身特征的了解,对影响学习因素的认识,对教与学的本质的认识以及对各种学习活动的了解。元认知操作是指制定学习计划、确立学习目标、选择注意力、自我监控学习过程、问题讨论、寻求帮助、查询材料和对学习效果、活动中的表现以及策略与运用的评估。元认知策略是用来计划、监控和评价学习活动的技能的,是关于学习的技能而不是学习活动本身。在元认知指导下采取的策略就是元认知策略。元认知策略则是个体调节和控制认知行为的方法与规则,通过对学习者元认知策略的培养,使之能够选择适宜的学习方式、监控学习过程、评估学习结果。因此,商务英语教师需要掌握认知策略、元认知策略,了解自己的认知特点,扬长避短,充分发挥自身的认知优势,根据不同的学习内容和学习目标,选择适合自己的学习策略,进行个性化的自我指导学习。

在选择学习策略后,商务英语教师需寻找学习资源。学习资源的途径包括从他人处和从信息载体获取自我导向学习资源和帮助。学习资源包括人力资源和非人力资源,人力资源包括同学同事、商务英语专家学者等;非人力资源包括书籍、文献、期刊、杂志、教育网络资源等。

其后是商务英语教师自主学习、探索的过程。商务英语教师通过阅读来记忆、思考、理解和发现,为其教学的开展汲取必备的知识和养分,是学习过程的重要内容。商务英语教师的自我指导学习是理解性的学习,而了解只有在学习者据已有的知识主动地思考或提出新想法时才发生。商务英语教师的思考要求教师在阅读中,应对阅读内容进行分析、抽象、综合和概括,从而产生理解和认识的不断螺旋上升。思考的过程包括对思考对象扩大了解、找出问题、分析问题、思考解决问题的方法。思考有多种类型,包括批判思考、系统思考、逻辑思考、水平思考、逆向思考,正面思考和反面思考等。

商务英语教师自我指导学习的过程,以教师独立探索为核心,但是并不排除寻求外来的帮助和支持。事实上,主动寻求他人支持是商务英语教师自我指导学习的有效策略之一。学习过程中可以通过集中理论学习,借鉴心得体会,形成中心突出、观念互补,从而对教师的自我指导学习起到点拨的作用。再者,借助外来智慧,启发自身学习还可通过商务英语教师集体备课。商务英语教师通过集体备教材、备学生、备背景等,互相启示,从而在后续的自我指导中利用集体智慧,获取学习的成功。富有经验的教师指导,资深专家的引领,同事之间的交流和学生的反馈都是商务英语教师自我指导学习中可利用的有效途径。

3）商务英语教师自我指导学习后

商务英语教师自我指导学习后主要是反思性总结阶段。埃来克（Elek，1985）认为，对学习进行自我评估与监控能使学习者对他们自己的学习进步负责，看到他们现在的水平和他们希望达到的水平之间的差距，看到自己的长处和不足，从而清楚了解他们的综合能力，获得更大的学习动力。商务英语教师自我指导学习中的自我反思和自我检测是自我指导学习意识的高度体现。商务英语教师在对学习评价中，反思自己的学习，进而对其教学思想、观念和行为产生新的认知，同化新的教育教学思想、观念而获得思想、观念上的新的顺应、平衡，使教育教学思想、观念得以不断更新。因此，自我指导的学习中较好的自我评价和反思能力是商务英语教师的必备能力之一，是促其成长的有力工具。其二，教师还应经常反省自己的学习方法，调节自己的学习行为，反思学习的效果，最终达到自我改进、自我完善、自我提高的目的。

定期进行自我反思和自我检测有利于商务英语教师主动发现问题，及时采取措施解决问题，并不断调整新的学习策略，确定新的学习目标，从而进一步增强教师的自我指导学习的兴趣和信心，提高自我效能感，形成持续进步的动力，进而极大地提高其自我指导学习能力。

3.2.2　基于现代信息技术的自我指导学习

随着现代科学技术突飞猛进的发展，多媒体技术、网络技术等电子技术的产生，各种媒体所拥有的信息资源成倍增加。全球信息基础网络还将给信息高速公路带来深刻的变化，数据语言、图象和文字的数字化将抹去电信、计算机、新闻媒介的界限，把因特网、万维网进一步扩大。信息时代的来临,为教育教学改革奠定了坚实基础,提供了强大的平台。教育教学手段发生了巨大的变化,极大地改变了以往的时间、空间概念。学习者可以通过互联网或数字化技术来形成自己的教育经验。认知学派的建构主义学习理论强调学习的主动性、社会性和情境性,学习应处于丰富多彩的情境中等观点为教育教学改革提供了理论基础。"以学生学习为中心、以强化个体实践为中心、以信息交流为中心"的教育方式成为当代教育的核心理念。由此带来现代教育的学习方式的巨大变化,不再局限于教师在课堂上通过非常正式的途径来向学生传递知识,而是由学生自主安排学习的步骤和顺序。学习的空间位置也发生了变化,学习者不必在固定的时间到固定的地方进行学习,而是可以随时随地来获得知识和技能。

现代社会数字化的通信技术,基于计算机和互联网的多媒体技术,基于数字压缩的超容量存储技术,为商务英语教师的成长与发展提供了技术上的支持。商务英语教师基于信息技术的自我指导学习方式具有多种优势。其一,信息技术提供的网络技术使抽象的、枯燥的教师学习内容转化成形象的、有趣的、可视的、可听的动感内容,教师提供了一个所学对象的活动环境,不但增强了其学习的兴趣,还可以为教师提供直观形象的场景,便于理解、记忆。其二,电子网络技术可利用电脑的交互性和智能化,创造一个仿真学习环境,现在的国际商务洽谈大部分是在网上进行的,计算机课件可提供模拟的洽谈环境,教师可以在网上进行各种商务实践。其三,电子网络技术能够提供大量信息,补充教师的教学内容,同时,在大大提高课堂容量的同时,教师获得知识与能力的发展。其四,教师需要学会通过各种资源和媒体体验不同的商务情景，进行批判性或创造性的学习，发现问题，探究问题，解决问题，从而提高国际商务实践能力。其五，在网络环境下，充分利用网络资源，通过网络超媒体和超文本的图形、图像、图表、声音，教师可以得到商务英语听、说、读、写的能力的有效维持和提高。其六，商务英语教学内容与学生将要从事的行业的交际需求关联度密切，它要涉及必要的商务英语知识和商务知识，更重要的是这些领域的最新发展动态内容。通过电子网络技术，教师可查阅相关商务信息，跟踪最新商务信息，并将其充实到教学与研究中去。

信息有别于知识，信息经加工处理后才会成为知识，因此教师应具备处理信息的能力，能够对所储存的信息进行有价值的判断，把信息变成知识，构建起新的知识体系。商务英语教师基于信息技术的自我指导学习丰富学习的内容和途径，可以随时随地发生，增强学习的可能性，促进教师学习的积极性和主动性。其主要方式有网络专题学习、多媒体课程学习等。

目前世界知名大学以及国内大学开设多门网络课程和多项专题内容的学习项目，商务英语教师可根据自己的情况，选择学习与上课相关的内容，进行网上学习，补充和完善自己的知识结构。教师还可选择一些大学的多媒体课程进行自我指导学习，以获得知识的拓展和能力的提高。

利用网络技术，商务英语教师还可以获得良好的研究环境。在这个环境中，教师可以灵活地，随时搜索网上各种资源。例如，对商务法规、政府报告、商务部文件等商务性质资源，教师先进行学习，并充实到教学中去，从而获得自身专业的进步和发展。另外，因特网上还包括了一些商务英语专业的学术资源，如图书馆和数据库等，这些都可以为教师的自我指导学习提供技术支持和良好平台。总之,商务英语教师通过充分利用现代信息技术和信息资源,会使其自我指导学习效率倍增,事半功倍。

3.4 商务英语教师自我指导学习发展促进策略

为提高商务英语教师的自我指导学习,大学、学院等各方可采取各种促进措施和策略。

1) 提高商务英语教师自我效能感和学习动机

自我效能感是指个体对自己实现特定领域行为目标所需能力的信心或信念,是个体的能力和自信心在某些活动中的具体表现(Bandura,1977)。也就是说,自我效能感是学习主体对自己是否有能力组织和执行某种特定行为的判断,是学习主体对自己完成某项学习任务信心高低的感觉度。自我效能感是影响自主学习的一个关键变量,不但影响学习者对学习任务的选择、对学习目标的设定、对某项学习任务所做出的努力程度,而且影响着学习者对解决困难的耐心和毅力,对自主学习策略的运用,以及从事某项学习任务时所体验到的紧张和焦虑的程度。因此,商务英语教师发展中,教师的自我效能感能够促进教师的自我指导学习。

学习动机就是激发学习者获得知识的内在动力和欲望。学习动机是由学习需要引起的,是学习者发动与维持其学习活动的内部动力,也是影响学习者学习自觉活动的重要非智力因素,具有激发、指向、维持和调节功能。学习动机作为非智力因素的核心成分,直接影响着成人学习的质量和水平,积极正确的学习动机是教师自我指导学习的必要条件。加德纳(D. Gardner)将外语学习的动机分为四个方面。一是学习某种语言的目标;二是学习中做出的努力；三是实现学习目标的愿望；四是对某种语言的热爱程度（Gardner，1999）。前文也谈到过，动机分为融合型动机（integrative motivation）和工具型动机（instrumental motivation）。融合型动机指学习者对目的语群体有所了解或有特殊的兴趣，希望与之交流或亲近，最终成为其中一员；工具型动机是指学习者的目的在于获得经济实惠或其他好处，他们视学好外语为找到好工作或获得好生活等的一种途径。不同的动机使得学习者的学习目标和兴趣也各不相同。这些特定的学习目的和兴趣会不同程度地影响到学习者学习英语的方法和效果。学习动机是推动学生学习的内驱力。无论是融合型动机还是工具型动机，均对自我指导学习有促进作用，是自主学习的动力所在。学校应采用各种政策提高教师的正确持久的学习动机，使其认识到学习的社会意义，树立正确的学习观。为此，学校应大利倡导自我指导学习，提高教师对自我指导学习的认识和学习意识，提升教师专业发展愿望，充分发挥教师的能动性、自主性和创造性。

2）提高商务英语教师的学习策略水平

学习策略的有效运用不仅有助于商务英语教师增强提高学习能力、独立能力和自我指导能力，也有益于学习者的终身学习。学习策略培训的最终目标是让学习者有自觉使用策略的意识，知道在何时使用何种策略，而不是以传授具体的策略为重点，关键点是知道“怎么学”。学习者具备并有效运用元认知策略是实现自主学习的条件（Wenden，1991），是实现商务英语教师自我指导学习成功的关键。大量教育心理学研究表明，学习策略的有效运用与教师自主学习具有高度关联。只有掌握一定的学习策略，并在学习过程中有效地加以运用，提高学习效率，才能能够促进自身智能发展。因此,学校应加强对商务英语教师的学习策略培训,让教师掌握正确的学习方法和学习策略,使他们将其内化成一种适合自己的技能和方法。例如,开设专门的学习指导课程,系统讲解学习的理论及策略,培养教师制定个人学习计划,获取课程的学习资源,利用与合理安排学习时间等方法。学校也可组织学习经验交流会,通过富有自我指导学习经验的教师学习经验、方法、策略等的传授和分享,提升商务英语教师学习策略水平,从而提高其自我指导学习的效率和效果。

3)为商务英语教师提供多种学习资源

所谓学习资源是那些能够帮助商务英语教师进行自我指导学习的外在条件,如文献资料、网络、媒体等。为促进商务英语教师自我指导学习,应创建多元的商务英学科专业学习资源平台。

(1)学校图书馆平台建设

高校图书馆平台是一个收集、整理、收藏图书和资料的专门机构,是为高校教学、科研提供文献信息和资料的学术性机构。高校图书馆在商务英语教师自我指导学习中具有学习中心作用。高校图书馆具有现代化的电子设备、丰富的图书文献资源,以及良好的学习环境,非常适合教师学习与查阅教学所需要的资料、数据和文献。科学系统的数据库与报刊、杂志、专著查询系统使教师可以方便快捷地查阅到所需要的国内外商务英语学科前沿信息,帮助教师了解本学科学术成果和学术动态。同时,图书馆还对商务英语教师的科学研究提供支持。图书馆可以为教师提供学科专业的最新资料与成果,教师也可根据科研课题的特定需求,通过信息查询系统准确搜索所需要的文献材料与科研动态(寇尚乾,2007)。鉴于此,学校应大力进行图书馆建设,加强对商务英语学科图书、文献、数据的搜集，商务英语教师利用图书馆丰富的学习资源，了解最新的专业知识，补充与完善商务英语学科的理论体系，把握学术前沿动态，为进一步提高教学质量奠定理论基础，实现教师专业发展与职称发展的协调统一。

（2）商务英语学科专业资料室建设

除了学校的图书馆平台，商务英语学科所在的二级学院还应大利建设学院商务英语资料室。与学校图书馆相比，二级学院商务英语资料室具有明显的专业性、针对性、灵活性。商务英语专业资料室应着重进行专业资料的收集整理和研究，并开展情报服务，使之成为本专业的教学后盾、科研基地和情报服务中心。商务英语资料室的收集加工和整理以专业文献为主，资料室人员应具有熟悉本系的教学安排、课程设置，熟悉教师的教学、科研发展情况，处在教学科研的第一线，能够直接为老师备课、教学和科研提供专业资料，师生使用起来非常方便。具体来说，应做到专、精、深、齐。专是专门为本院系的教学科研工作提供有效的信息资源；精是将图书和收集到的资料进行分类整理；深是采购的图书及收集的资料具有较高学术价值和针对性，以保证其利用价值；齐是对本学科全面搜集资料、文献等（陈继兰，2005）。

商务英语专业资料室集学术性、技术性、专业性、服务性为一体，为商务英语专业教师提供学术交流场所和平台，为商务英语教师的自我指导学习提供重要技术性支持，对促进商务英语教师专业成长和专业发展具有不可忽视的重要的作用。

（3）商务英语学科实验室建设

商务英语学科实验室可以为商务英语教师提供探索真理的模拟情境，教师在实验教学或实验自我指导发展中，具有更多的独立性、自主性和探索性，在此过程中教师的创造性思维得到培养,发现问题和解决问题的能力得到提高。同时,商务英语学科实验室是教师进行实践性教学和科学研究的重要平台,在促进高校教师专业发展和专业成长过程中具有重要意义。教师通过实验室活动可以获得第一手材料,以此促进教学创新,丰富学科专业教学理论体系,培养创新能力与创新精神。实验室活动是教师进行学术创新的重要源泉。再者,商务英语实验室是教师自我指导学习中理论和实践相结合的途径,通过利用实验室的学习,促进商务英语教师的知识生成能力和产学结合能力,从而提升教师的综合能力。因此,应大力建设商务英语实验室,为教师提供个人发展的空间室,如商务笔译实验室、商务同声传译实验室、国际贸易模拟实验室等,以提升商务英语教师的自我指导学习学习能力和学习效果。

4）为商务英语教师创设有利环境

为促进商务英语教师有效地开展自我指导学习,促进其专业发展,有关方面还需要为其创设宽松、开放、民主、和谐的学习环境和营造彼此尊重、团结协作、互相启迪的学习氛围。自我指导学习,是以个人探索为主的学习活动,但还需要外在的人力支持。基于专家、同行等的人力支持是商务英语教师自我指导学习的有力保障和学习成功的必要条件。因此,学校应首先积极营造轻松、自由的学习气氛,通过提倡同伴互助和教师间协作来促进教师进行自我指导学习。其次,还可以搭建商务英语协会等各种学科交流和学习平台,让教师进行信息交换、研讨交流、交往对话、观摩学习,分享经验。再者,引导教师在互助合作中融合集体智慧,共谋专业发展的途径与策略,分享个体知识与经验,交换各种资料和资源,促进教师个体和群体的共同进步与发展,实现商务英语教师专业学习的高效化。

参考文献

Arnold, J. 2000. Affecting in Language Learning [M]. 北京:外语教学与研究出版社.

Bandura, A. 1997. Self-efficacy: Toward a Unifying Theory of Behavior Change [J]. Psychological Review(84).

Beebe, L. M. & Giles, H. 1984. Speech Accommodation Theories: A discussion in Terms of Second—Language Acquisition [J]. International Journal of Sociology of Language(46).

Benson, P. and Voller, P. (eds.) 1997. Autonomy and Independence in Language Learning [C]. Harlow: Longman.

Brockett, R. G. & Hiemstra, R. 1991. Self-direction in Adult Learning: Perspectives on Theory, Research and Practice [M]. New York: Routledge.

Brown, H. D. 1987. Principles of Language Learning and Teaching [M]. Englewood Cliffs, JC: Prentice Hall.

Bruner, J. S. 1968. Toward a Theory of Instruction [M]. Cambridge: The Belknap Press of Harvard University Press.

Candy, P. 1991. Self-direction for Lifelong Learning [M]. California: Jossey Bass.

Clement, R. 1980. Ethnicity, Contact and Communicative Competence in Second Language [J]. In H. Giles, W. P. Robinson & P. M. Smith (eds,). Language: Social Psychological Perspective [M]. Oxford: Pergamon Press.

College of Education. Michigan State University, National Center for Research on Teacher Learning {EB/OL} (02).

Dickinson, L. 1987. Self-instruction in Language Learning[M]. Cambridge: Cambridge University Press.

Dulay, H. etal. 1992. Language Two [M]. New York: Oxford University Press.

Ellis, R. 1994. The Study of Second Language Acquisition [M]. Oxford: Oxford University Press.

Gagnon, G.. W. & Gollay, M. 2001. Designing for Learning: Six Elements in Constructivist Classroom [M]. California: Corwin Press, Inc.

Gardner, D. & Miller, L. 1999. Setting Up Self-access [M]. Cambridge: Cambridge University Press.

Gardner, D. , & Miller, L. 2002. Establishing Self-Access, from Theory to Practice [M]. Shanghai: Shanghai Foreign Language Education Press.

Garrison, D. R. 1997. Self-directed Learning: Toward a Comprehensive Model [J]. Adult Education Quarterly(1).

Grow, G. 1991. Teaching Learners to Be Self-directed; A Stage Approach [J]. Adult Education Quarterly.

Guglielmino, L. M. 1977. Self-directed Learning Readiness and Performance in the Workplace: Implications for Business and Higher Education [J]. Higher Education.

Halliday, M. 1973. Exploration in the Functions of Language [M]. London: Edward Arnold.

Hiemstra, R. 1994. Self-directed Adult Learning [A]. DeCorte, Weinert. International Encyclopedia of development and instructional psychology[C]. New York: Pergamon.

Houle, C. O. 1961. The Inquiry Mind [M]. University of Wisconsin Press.

Holec, H. 1981. Autonomy and Foreign Language Learning [M]. Oxford: Pergramon Press.

Howatt, A. P. R. 1984. A history of English Language Teaching [M]. London: OUP.

Hymes, D. 1972. On Communicative Competence [M]. Philadelphia, PA: University of Pennsylvania Press.

Icy, L. 1998. Supporting Greater Autonomy in Language Learning [J]. ELT Journal,52/4.

Kathleen, M. 2004. Authentic Assessment: A Guide for Elementary Teachers [M]. Beijing: China Light Industry Press.

Knowles, M. 1975. Self-directed Learning: A Guide for Learners and Teachers [M]. Toronto: The Adult Education Company.

Krashen, S. D. 1985. The Input Hypothesis: Issues and Implications [M]. London: Longman.

Little, D. 1991. Learner Autonomy: Definitions, Issues and Problems [M]. Dublin: Authentik.

Littlewood, W. 1981. Communicative Language Teaching —— An Introduction [M]. Cambridge: Cambridge University Press.

Long, M. 1995. Native Speaker/non-native Speaker Conversation and Negotiation and Meaning [J]. Applied Linguistics, 1983 (4). Practice in Applied Linguistics [M]. London: Oxford University Press.

McCroskey, J. C. Validity of the PRCA as an Index of Oral Communication Apprehension [J]. Communication Monographs, 45.

Nunan, D. 2000. Designing Tasks for the Communicative Classroom [M]. Beijing: foreign Languae Teaching and Research Press.

O'Malley, J. M. & Chamot, A. V. 1990. Learning Strategies in Second Language Acquisition [M]. London: Macmillan.

Oxford, R. L. 1990. Language learning strategies: What Every Teacher Should Know [M].

Oxford, R. L. & Shearin, J. 1994. Language Learning Motivation: Expending the Theoretical Framework [J]. Modern Language Journal(78).

Piaget, J. 1950. The Language and the Thought of the Child [M]. New York: Basic Books.

Piaget, J., & Inhelder, B. 1969. The Psychology of the Child [M]. New York: Basic Books.

Rogers, C. 1975. Bringing Together Ideas and Feelings in Learning [A]. In Read, D. A. & Simon, S. B. (Eds.) Humanistic Education Source Book [C]. Englewood Cliffs, N. J. Prentice Hall.

Rogers, C. 1994. Freedom to Learn [M]. America: Prentice Hall Inc.

Schumann, J. 2001. Appraisal Psychology, Neurobiology, and Language [J]. Annual Review of Applied Linguistics.

Skinner, B. F. Skinner, B. F. 1956. A Case History in Scientific Method [J]. American Psychologist(11).

Stern, H. 1983. Fundamental Concepts of Language Teaching [M]. Oxford: Oxford University Press.

Stevick, E. 1990. Humanist in Language Teaching [M]. Oxford: Oxford University Press.

Strevens P. 1977. New Orientation in Teaching English [M]. Oxford: Oxford University Press.

Vroom, V. 1964. Work and Motivation [M]. New York: Wiley.

Widdowson, H. G. 1978. Teaching Language as Communication [M]. Oxford: Oxford University Press.

Wenden, A. 1998. Learner Strategies for Learner Autonomy [M]. London: Prentice Hall.

陈继兰. 2005. 对高校二级学院资料室建设的思考[J]. 中山大学学报论丛(2).

曹照洁. 2002. 论国外自主学习理论对我国教育的影响[J]. 重庆文理学院学报(2).

曹树真. 2000. 论罗杰斯的师生观[J]. 外国教育研究(6).

程晓堂. 2005. 英语学习策略[M]. 北京:外语教学与研究出版社.

崔铭香. 2002. 成人自我导向学习及其培养[J]. 中国成人教育(8).

杜威,约翰. 2005. 学校与社会·明日之学校[M]. 赵祥麟,等译. 北京:人民教育出版社.

杜威,约翰. 1936. 思维与教学[M]. 孟宪承,等译. 北京:商务印书馆.

杜威,约翰. 1990. 民主主义与教育[M]. 王承绪,译. 北京:人民教育出版社.

方展画. 1990. 罗杰斯"学生为中心"教学理论评述[M]. 北京:教育科学出版社.

韩清林. 2000. 自主学习与教改实验的若干基本问题[J]. 教育研究(5).

何爱霞. 2003. 国外自我导向学习研究的过去、现在和未来[J]. 成人教育,2009(12).

何莲珍. 自主学习及其能力培养[J]. 外语教学与研究(4).

华维芬. 2002. 学习者自主探析[J]. 深圳大学学报(2).

胡壮麟. 2004. 大学英语教学的个性化、协作化、模块化和超文本化[J]. 外语教学与研究(5).

寇尚乾. 2007. 高校教师小本培训模式探讨[J]. 四川文理学院学报(7).

李丹青. 1999. 人本主义教学理论及其启示[J]. 杭州师范学院学报(4).

李予军. 2001. 交际法研究在中国:问题与思考[J]. 外语界.

李治. 2000. 自主学习理论在大学课堂中的运用[J]. 开封大学学报(5).

刘法公. 2001. 论专门用途英语的属性与对应教学法[J]. 外语与外语教学.

马斯洛. 1987. 存在心理学探索 [M]. 李文湉,译. 昆明:云南人民出版社.

庞维国. 1999. 自主学习理论的新进展[J]. 华东师范大学学报(教育科学版)(3).

彭文波. 2010. 对教师学习策略的几点思考[J]. 浙江教育学院学报(5).

孙海强. 2009. 国内自主学习研究回顾与展望[J]. 河北理工大学学报(1).

王初明. 1990. 应用心理语言学[M]. 长沙:湖南教育出版社.

王俊菊. 2012. 外语课堂环境下的教师学习研究[J]. 中国外语(1).

王立非. 2000. 现代外语教学论 [M]. 上海:上海外语教育出版社.

王丽华. 2007. 教师学习的内涵及对教师教育的启示[J]. 浙江教育学院学报(3).

王兴孙. 1997. 对国际商务英语学科发展的探讨[J]. 国际商务研究(1).

王亚南. 2004. 元认知的结构、功能与开发[J]. 南京师大学报(社会科学版)(1).

王银泉,万玉书. 2001. 外语学习焦虑及其对外语学习的影响 [J]. 外语教学与研究(2).

魏光丽. 2006. 成人自我导向学习之探究[J]. 全球教育展望(12).

魏玉燕. 2002. 促进学习者自主性:外语教学新概念[J]. 外语界(3).

文秋芳. 1996. 英语学习策略论[M]. 上海:上海外语教育出版社.

吴全华. 2006. 教师反思时认知冲突的生成途径[J]. 教师教育研究(4).

咸修斌. 1999. 博采众长因材施教——浅析与外语教学法相关的几个因素[J]. 外语界(2).

杨明. 2011. 成人自我导向学习理论研究[J]. 长江大学学报(6).

余文森. 2001. 略谈主体性与自主学习[J]. 教育探索(12).

张殿玉. 2005. 英语学习策略与自主学习[J]. 外语教学(1).

张典兵. 2007. 成人自我导向学习:理念与策略[J]. 继续教育研究(5).

张凤祥. 2010. 自我导向学习理论下外语教师"师本"发展探究[J]. 教育与职业(12).

张俊英,等. 2006. 英语寝室与课堂教学互动教学模式研究[M]. 杭州:浙江教育出版社.

张敏. 2008. 教师学习的理论与实证研究[M]. 杭州:浙江大学出版社.

章兼中. 1983. 国外外语教学法主要流派[M]. 上海:上海:华东师范大学出版社.

赵开运. 1995. 试论外语教学法的综合化[J]. 辽宁教育研究(3).

赵凌珺,刘颖. 2012. 自我导向学习策略在英语学习中的运用效果研究[J]. 外国语文(7).

赵树贤. 2006. 教师学习的学校管理[J]. 教育理论与实践 (7).

曾德琪. 2003. 罗杰斯教学思想的科学性和局限性 [J]. 四川师范大学学报(社会科学版)(1).

曾彦凝. 2007. 学习理论在大学英语教学中的运用[J]. 长沙大学学报(3).

曾文雄. 2003. 商务英语教学的实施方法[J]. 河南教育学院学报(1).

朱江. 2007. 主体性:人本主义教育观的核心原则 [J]. 山东社会科学 (3).

第4章

商务英语学科教师反思与行动发展机制

4.1 商务英语教师反思与行动发展理论基础

商务英语教师反思与行动发展机制是基于反思教学理论和教师行动理论建立起来的，两者密切相联又各有特色。

4.1.1 教学反思理论

反思的概念最早来源于哲学的思维方式，将其理解为内省，是一种元认知过程，是人心对自身活动的注意和知觉，是知识的来源之一，人们通过反省心灵的活动和活动方式，获得关于它们的观念。

英国哲学家、教育家洛克（J. Loke）认为“经验在供给理解以观念时，还有另外一个源泉，因为我们在运用理解以考察它所获得的那些观念时，我们还有各种心理活动。我们的心灵在反省这些心理活动（洛克，1959）。他把心理活动作为认识对象的认识活动，是对思维的思维（熊川武，1999）。荷兰哲学家斯宾诺莎（B.

Spinoza)将自己的认识方法称为“反思的知识”,反思的知识就是观念。观念是认识的结果,所谓观念的观念,就是对认识所得出的结果的再思考,再认识,这种对认识的不断深入和理性升华,就是“反思”(熊川武,1999)。德国哲学家黑格尔则赋予了反思更为深刻的内容,他认为反思是一种纯粹的思维,它以“思想本身为内容,力求思想自觉为思想。认为反思是一种事后思维,是事后对既有的经验和现实对象的思考,其主要目的是透过现象把握事物的本质和依据(黑格尔,1996)。

20 世纪 30 年代,美国哲学家、教育家系统提出了反思思维理论,指出反思是“对任何信念或假设的知识形式,根据支持它的基础和它趋于达到的进一步结论而积极的、坚持不懈的仔细的考虑”(杜威,1933)。反思,包含着对行为和实践的积极主动的、持之以恒的和仔细慎微的考量 。反思是问题解决的一种特殊形式,它不仅涉及一系列观念,也包含结果,它是一个连贯的观念序列”(辛涛,1998)。杜威将反思看成是一个能动的、审慎的认知加工过程,包含大量涉及个体内在信念和知识的相互关联的观念。反思型思维是对某个问题进行反复的、认真的、不断的深思。反思的目的是结果,而且正是反思促使了探究的产生。杜威的反思思维思想为 20 世纪 80 年代兴起的反思型教师和反思性教学奠定了基础。

美国麻省理工学院的肖恩(D. A. Schon)教授发展反思思想,其专著《反思的实践者——专业人员在行动中如何思考》首次提出反思性教学,并运用了“在行动中的反思”和反思实践概念,在西方教育界引起重大反响,在国际师范教育和教师教育改革中掀起新思潮。肖恩认为反思性教学是教师从自己的教学经验中学习,反思实践则强调调动经验所赋予的默然的心智考察问题,在同情景对话中展开繁盛型思维，致力于复杂情景中产生的复杂问题的解决。具体来说，在教师教学过程中，教师受到两种理论指导，其一是公共理论，也就是那些借助于语言、言语、文本的那个在公共领域中传播的为某个群体所共享的理性知识成果。另一个理论是个人实践理论，也就是储存在个人头脑，为个人所享，并在个人教学实践中运用的理性成果（王春光，2005）。教师实践理论是指教师有关课堂教学的认知，或称"行动中的知识、策略、实践知识"等。教师的公共理论要对教师的教学实践发乎作用，就必须经过教师内化、吸收，并与教师个人的经验、知识等相结合。而将公共理论转化成教师实践理论的重要途径就是教学反思，教师则是反思行动实践者。

肖恩将反思分为两种类型：一种是对"行动的反思"；另一种是"行动中的反思"。对行动的反思发生在行动之前和行动之后，包括课前对教学的思考、设计、计划以及课后对课堂教学的细节的思考和反思（Schon, 1983）。行动中反思发生在行动过程中，是指一个人正试图处理着令自己困惑、麻烦或有趣的现象时，对其行动中蕴含着的知识进行的反思，这些知识被他了解、揭露、批判、重组并融入到未来的行动中。在教学中，经常会碰到出乎意料的问题，教师在某些时候及在一些情境中能够相当好地处理这些不确定的、不稳定的、独特的问题与既有价值的冲突，并试图解决问题，调整其教学，就是对行动中的反思。在肖恩看来，对行动反思和行动中反思，是教师实践理论的两个组成部分，它们相辅相成，互为补充，推动教师专业持续发展。

在肖恩反思理论的基础上，美国教育家布鲁巴赫（J. W. Brubacher）将反思类型扩展为对实践的反思、实践中的反思和为实践的反思。对实践的反思发生在课堂教学之后，是对课堂教学开展情况的思考,即对教学活动的整个过程进行理性的回顾、分析和再思考。其内容包括教学观念、教学行为、学生行为等。实践中的反思,是指教师在教学过程中不断地对所发生的问题、情景进行思考与探究,以更好地解决教学过程中所发生的问题,提高教师驾驭课堂的能力。为实践的反思主要指课前为了教学实践而进行的备课和课前准备,并对教学实践进行计划和设计,预测教学过程中能出现的问题,并预备解决问题的策略和方法。

其后,加拿大教育家范梅南(Van. Manen)在肖恩和布鲁巴赫基础上增加了第四种反思类型——全身心关注,它是指在教育活动中,教师要在不断变化情境中不断采取行动,教师经常下意识地、不自觉地主动立刻参与,通常在他们意识到要做什么之前就已经行动了(范梅南,2001)。这种行动可能并不是上述所描述的反思性的,但这种行动却来源于全身心的关注,得益于反思。范梅南称得益于反思的下意识的反应为“机智”,教师要在不断变化的教学情境中适当调整,恰当反应,就必须具备这种实践“机智”。再后来,格里菲斯(M. Griffiths)和唐(S. Tann)超越了肖恩以教学过程为导向的类型分类,他们根据反思内容,构建了教学反思的五个类型:快速反思维度、修正维度、回顾维度、研究维度和理论的重构维度。这种五个维度分类法使得教学反思更加具体,更易于操作。

中国学者熊武川对单个教师的自我教学反思归纳了五种方法:叙事法,向别人讲自己教学的故事,在讲故事过程中发现自己教学的问题或请别人发现自己的问题;微型教学,观看自己教学的录像带,在专家或别人帮助下发现自己的不足;观察实况,发现教学中需要改进之处;讨论,对教学中普遍存在的问题达成共识;文献检索,从学生作业、教学计划、教学理论文章中发现问题(熊川武,1999)。

教学反思重视教学实践中教师的自我反省和自我调节,为教师的职业成长提供了非常有益的思路。教师的成长离不开对自我和他人的教学经验的总结和反思,教师在反省中学习,在反省中发展,正如美国学者波斯纳(G. J. Posner)所说:"如果教师仅仅满足于获得经验而不对经验进行深入思考,那么他的教学水平的发展将大受限制,甚至下降。……教师成长等于经验加反思"。教学反思是教师走向成熟的媒介和桥梁。

4.1.2 行动研究理论

"行动研究"是近20年来在国内外广为流行的一种教育研究方法。"行为研究"始于美国著名社会工作者柯利尔(J. Collier),他在1933年至1945年担任美国印第安人事务局局长期间,为探讨改善印第安人与非印第安人之间关系的方案,请局外人士参加到研究过程中来,与他和他的同事合作。他称这种方式为"行动研究"(施良方、崔允漷,2000)。之后,美国社会心理学家勒温(K. Lewin)系统地论述了"行动研究"作为一种问题解决策略的目的、方法和步骤。他认为行动研究是社会环境中职业发展的一条途径,"没有无行动的研究,也没有无研究的行动",并将行动研究的思想引入到教育领域。他认为行动研究课题来自实际工作者的需要,研究在实际工作中进行,由实际工作者和研究者共同参与完成;研究成果为实际工作者理解、掌握和实施,并且以解决实际问题、改善社会行为为研究目的。行动研究是将科学研究者与实际工作者的智慧和能力结合起来解决实际问题的一种方法。其后,许多学者致力于将行动研究应用于教育领域,力图通过行动研究促进教育实际与教育理论的结合,促进教师专业发展。教师行动研究发展至今,已成为声势浩大的教育运动。

随着教师行动研究的发展,国内外专家对行动研究的内涵进行了多方面、深入的探究:

美国学者莫科曼(J. Mckerman)在《课程行动研究手册》中给行动研究下了这样的定义:行动研究是一种运用科学方法解决课程问题的系统的自我反省探究;参与者是这种批判性反省探究过程和反省探究结果的主人(Wallace, 1998)。

埃巴特(D. Ebutt)认为:行动研究是教师在教学过程中,对自己的教学观念、所采用的教学方法及由此所产生的教学效果进行反思,在反思中重新审视自己的教学观,探讨、研究和改进教学方法,以进一步提高教学效果(Hopkins, 1985)。

英国课程论专家斯坦豪斯(L. Sternhouse) 明确提出了教师成为研究者的理念,认为没有教师的发展就没有课程的发展,而且通过实施具体的计划,使这一理念转化为一个激奋人心的现实运动。他认为,所有的课程研究和设计都建立在课堂研究的基础上,这在很大程度上依赖于教师的工作。教师是其实践的最终、也是最佳的裁决者(Sternhouse, 1985)。

卡尔等人(W. Carr & S. Kremis)则认为:行动研究是社会实践工作者为提高自己时间的合理性、正当性,增进对实践及其实践情景的理解而采取的自我反思探究的一种形式(Carr & Kremis, 1986)。

澳大利亚著名教育行动研究学者凯米斯(S. Kremmis) 把行动研究看作是实际工作者为研究自己的实践所实行的一种研究方式,其目的是认识和改进自己的教育实践及其环境(Kremmis & McTaggert, 1982)。

埃略特(J. Elliot)将行动研究定义为:从业者为改进其工作

情景内部活动品质所从事的研究,其目的在于对情景、实践和问题的理解,进而增加他们解决实际问题的有效性(Elliot, 1991)。

英格立斯(S. Englis)将行动研究概括为:人们组成学习小组,找到解决问题的措施,在解决问题的过程中,个人和组织都得到发展(Englis, 1994)。

派得勒(M. Peddler)则将行动研究看成是一个学习的过程,也是一个专业发展的项目(Peddler, 1996)。行动研究以小组为单位,致力于解决实际问题,在解决问题的过程中,小组成员相互支持,并从解决问题过程中获得学习。

行动研究学者沃立斯(J. Wallace)将教师行动研究定义为与改进某些方面的专业化实践(professional practice) 相关的系统化的数据收集与数据分析(Wallace, 1998)。

《国际教育百科全书》把行动研究定义为:由社会情景(教育情景) 的参与者, 为提高所从事的社会或教育实践的理性认识,为加深对实践活动及其依赖的背景的理解所进行的反思研究(1990)。

国内学者刘润清教授指出:目前教育界倡导的“行动研究”是一种很好的科研模式。教师行动研究是推动教师专业发展的切实可行的方法和途径(刘润清,1999)。

王蔷教授以英语教师为对象,在其《英语教师行动研究》一书中,将教师行动研究总结、归纳为四个特点:其一,行动研究是一种系统的反思的探究活动;其二,它由教师针对自己教学中的问题直接参与和开展调查与研究;其三,行动研究需要一系列的步骤来完成;其四,教师行动研究的目的是不断改进自己的教学,使教学达到最佳的效果,同时提高对教学过程的理解和认识。他还强调指出了与行动研究密切相关的五个关键词,即变革、反思、合作、专业化发展和改进实践(王蔷, 2002)。

综上可以看出,教师行动就是教师进行的教学行动研究。教师从教学实践出发,寻找问题,在实际工作中研究问题,反思探究问题,最终解决问题,提高问题解决的有效性。这样的研究成果为实际工作者理解、掌握和运用,是提高教师专业水平,推动教师专业发展的切实可行的有效途径。

教师行动研究摆脱外来的研究成果或观念对于教师的控制,重视发展教师个人的自我意识、自我教育、自我实践。教师在行动研究中不仅是研究者,也是改进者和实验者。通过较为系统的行动研究,教师不断审视和反思自己的教育思想和行为,并逐渐在其教学行为中加以探索和改善,形成自己独特的教育思维方式和工作范式。从教师发展的角度,教师行动研究是教师对自己的思想、信念、知识及其实践进行有目的、有系统的、批判性研究的方式,是提升自身教育实践理性,拓展专业自主,获得专业成长和自我发展的过程。

4.2　商务英语教师反思与行动发展概念与特征

4.2.1　商务英语教师反思与行动发展概念

反思教学以行动研究为内容和方法。反思教学是对教学经验的反思,教师凭其有实际教学经验的优势,在实践中发现问题,通过深入地思考观察,寻求解决问题的方法和策略,以期达到自我改进、自我完善的目的(甘正东,2000)。反思教学需要教师借助教师行动研究,不断探讨与解决教学目的、教学工具和自身方面的问题,不断提升教学实践的合理性,使其成长为专家型教师的有效途径(傅道春,2001)。

行动研究促进教师的反思,促进教学水平和能力的提升。而行动研究也需要以反思为条件。行动研究本质上是一种系统的反思性的探究活动,教师针对自己教学中的问题直接参与和开展调查研究,以期不断改进自己的教学,同时提高教师对教学过程的理解和认识。行动研究具有注重教师的直接参与、立足特定情景、强调改进教学实践、重视反思与协同合作的特点。也就是说,教师的行动研究,事实上是一种螺旋式自我反思的行为过程模式,即初始想法、发掘事实、行动计划、进行实施、监控观测、进行修正、修改计划、其他步骤,完成循环。它是一种以改进实践为出发点,将研究行动化,将行动反思化的教育研究类型,是一种促进教师的反思和专业化发展的有效工作方法和策略。因此,反思与行动是一个事物的两个方面,反思需要行动,行动需要反思,两者互为支撑,互为依托,共同促进教师专业水平提高。

鉴于此,我们提出基于反思教学与行动研究融合的商务英语教师的反思与行动发展机制。

商务英语学科培养具有扎实的英语基本功,专门的国际商务知识与技能、较高的跨文化交际能力,掌握与国际商务相关的经济学、管理学、法学、社会学等学科的基本知识和理论,能在国际环境中熟练使用英语从事国际贸易、国际商务管理、国际金融、国际交流等领域工作的应用型商务英语专业人才。它不但要求学生具备较强的商务英语专业能力,有扎实的英语语言基础和熟练的听、说、读、写、译的能力,熟悉和掌握国际商务知识与技能,还要具有较强的独立获取知识、提出问题、分析问题和解决问题的能力(鲍文,2009)。因此,商务英语教师反思与行动发展具有了与英语学科不同的更多新的内涵。

首先,商务英语教师反思与行动的内容是其教学信念。教学信念是指导课堂教学实践的依据和基础。在商务英语教学实践中,教师的信念与其认知活动相结合,教师在教学情景中通过对理性知识的理解和内化并与内在的实践知识结合,形成了自己特有的教学信念。而这个系统还具有系统性、开放性和发展性,因此教师需要不断地反思与行动,才能不断完善其教学信念,使之不断趋于合理性和科学性。商务英语教师的教学信念包括商务英语教师角色信念、商务英语课程信念、商务英语教学模式信念、实践教学信念、商务英语工具信念等内容。

第二,商务英语教师反思与行动发展的内容是其教学具体过程。对教学过程的反思主要体现在其课程和单元目标的设计上,包括对其教学实践前的计划、设计和安排以及对教学实践后的反思与调整。根据商务英语教育特点和商务英语教育目标,对其课程设置、内容选择、教学策略、评价方式等方面不断进行反思、修正、回顾、研究,并不断进行调整与改进和重构,以实现教学的最优化,从而提高商务英语教师的专业化程度。教师对自己的英语教学中的具体问题进行的研究,实际上是英语教师的教学研究。

第三,商务英语教师反思与行动发展的内容是其教学情境。商务英语教育培养应用型、实践性的国际商务人才,它要求学生不但具有商务英语知识,更重要的是具备国际商务英语沟通能力和从事国际商务的能力。因此,教学中,教师应设置教学情景,采用交际法教学手段,以利于学生在情景中以经验为目标构建自己的知识与能力,通过反思性思维对已有的理论知识和实践经验内化与升华,转化为个体的商务英语能力。鉴于此,教师应不断采取反思与行动机制,开发与培养学生商务英语能力紧密结合的教学情景,为学生创设仿真的学习场景。

第四,商务英语反思与行动的内容是其教学对象——商务英语学生。商务英语教学活动的对象和产成品是学生，学生的背景、身心发展规律、学习动机等都应是商务英语教师反思与行动的内容。在反思与行动过程中，商务英语教师只有充分分析商务英语学生特点、动机和诉求，并对其教学做出调适与改进，才能不断提升其教学能力，成为专业化的商务英语教师。

反思与行动不仅能够提高教师的教育教学水平和教学研究能力，而且有助于教师的综合能力和整体素质的提升，对商务英语教师专业发展和教师专业化具有多方面的作用与意义。

首先，教学反思与行动增强商务英语教师专业情意。教师的专业情意涉及到其态度、价值观、信念、兴趣和自我意识等，亦即商务英语教师的专业情感、专业信念和专业效能。教师的专业感情是个体人生价值观的具体化，是在人生价值观指导下个体在教育实践活动中被深刻体验、理解、反复检验有效的、被个体坚信和敬奉的以教育的意义和价值为核心的有关教育教学活动的情感体系。教师的专业情感是教师专业发展的原发动机。反思与行动注重和强调教师作为独立个体的价值意义。反思与行动的真正目的在于反思与行动本身，反思与行动本身是人类的认知的本质性活动，它具有人类生命创造冲动和创造快乐。教师在反思与行动中感到追求真理、认知探索的快乐，体验个体的生命价值与意义。因此，反思与行动使商务英语教师个体的教学活动成为有意义、有价值的活动。

在商务英语反思与行动教学中，教师不是对知识传输和复制效果的关注，也不仅仅对教育质量和教学效果的不断提高的追求，而是对个体发展的价值和意义的追寻和个体信念体系的不断建构。教师通过对实践及其经验的分析，反思其精神价值和人生意义，不断构建和加强自己的专业情感体系，从而更加热爱商务英语教育事业,对教学报以极大的热情,满腔热情地投入到教育教学工作中。同时,在不断反思与行动过程中,商务英语教师不断检验和审查商务英语教学行为及其合理性,个体不但在实践和经验世界中检验、体验、感悟,在对自己的教育专业信念的不断的解读中,认识与评价自己的教学效果,客观地认识评价自己在学生学习和发展中的作用,进而增强其对自身专业能力的效能感和专业自信感。而具有强烈专业信念的商务英语教师会产生强烈的专业认同感和投入感,努力提高专业才能和专业水准。人生信念决定个体认知、情感体验、交往、实践和生活方式。反思与行动过程同时也是促进商务英语教师形成其成功的商务英语教师的人格特征,提高其自我意象、自我尊重、工作动机任务知觉等专业自我内涵,从而提升商务英语教师专业发展的内在主观动力。

第二,教学反思与行动有助于提升商务英语教师教育教学水平。首先,反思与行动促进商务英语教师主动发现教学存在问题,并进行行动研究,从而解决问题,提升教学质量。反思与行动是一种探究教学主体、教学目的、教学工具、教学方法以及措施、过程等方面存在的问题的过程。在反思与行动过程中教师既是自己教学实践的执行者,又是自己教学实践的评价者。商务英语教学中,教师将自身的教学实践置于自己有意识的监控之下,通过自我观察和反省思维来检查、审视自己的教学行为,找出与预定目标的偏差及具体的研究和改进方案,发现自己教学的得与失、优与劣、成与败。对于教学中存在问题和不足,教师采取行动研究,在不断地追问、批判、修正、追求实践合理性的过程中,对教学活动中出现的各种现象进行观察、分析、反馈、调节,实现突破自我、超越自我,不断使整个教学活动、教学行为向高层次迈进,促使自身的教育教学水平呈现螺旋上升态势,以实现自身教育教育教学水平的可持续发展。其次，反思与行动促进商务英语教师教学经验积累，从而提高教师教学水平。教学经验是教师反思与行动的基础，而反思与行动又有利于教学经验的积累。

商务英语教师经过反思与行动的教学经验，有效地去除原始经验中的无益成分，扬长避短，提炼出精华并加以系统化。同时，反思与行动还有利于提高商务英语教师教学的质量。商务英语反思与行动教学中，教师做到精益求精，不断进行教学反思，防止将某一信念变为固执的教条，保证了个体不断自我新，更有利于教师经验的积累，从而不断将其教育教学水平提高到一个新的境界和新的高度。再次，反思与行动研究有利于商务英语教师的理论与实践结合，从而提升其教学能力和水平。商务英语教师在反思与行动实践中发展商务英语理论，验证理论，致力于解决具体教学环境中的具体问题，将商务英语新理论或新方法应用于具体的教学环境，并根据具体情况做出相关调整，最后通过分析和评价教学效果来验证该理论或方法对具体教学环境的适宜性。同时在解决商务英语具体问题中发现新规律、新方法，发展商务英语理论。在这个双向互促的过程中，商务英语教师的教学水平得到不断提升与发展。

第三，反思与行动促进商务英语教师研究能力的提高。具有科研意识与能力，是所有专业人员所需的共同特征，也是促进教师专业发展、提高教师专业化水平的必由之路。反思与行动教学能够提高教师的研究意识。商务英语教师身处商务英语教学第一线，在实际教学过程中容易发现问题，找到研究的突破口，并充分利用一线教学的便利条件，开展行动研究，进行观察、实验等实验研究活动，获得第一手的鲜活资料，作为形成和检验教育理论所需要的材料。商务英语教育教学理论目前还未完善，现成的英语教学理论不能为商务英语实际教学存在的问题提供直接和有效的办法,也不能解决商务英语教学实践中不断面临的新问题。商务英语教师需在教学实践中自己去探索,去创造,去归纳,去总结,这样才能满足商务英语学科教育教学的发展需求。同时,通过探索与研究的不断开展,商务英语教师可提高自己的研究水平,提高自己的研究素养。

第四,教学反思与行动有利于发展商务英语教师的创新精神。商务英语是一门涉及学科较广的新型学交叉型学科,其教育教学要求其教师根据教学内容、教学对象、教学目的,创造性地运用教育理论和教学方法达到商务英语教育目标,能够适应国际商务领域对商务英语人才规格和能力的需求。教学反思与行动集批判性、探究性、发展性为一身,以解决教学问题为目的,因此,就其本质来说,就是革新和创新教学,是教师在教学过程中的创新精神的体现。面对教学实践遇到的问题和困难,商务英语教师运用创新思维,发挥创造力,不断地研究教学理论和研究方法,及时反思,通过观察、提问、分析,辨证地批判和分析自身教学实践,通过检验、充实、完善、健全、规范、调整、改进、优化、深化、提高、拓展、充实、丰富等行为,创新教学模式、教学方法,解决教学实际问题,发展与完善商务英语教育教学。在研究方法上,商务英语教师采用反思与行动,创新思维,努力寻找商务英语与其他学科的交叉区域,开展创新的、有特色的交叉研究。因此,教学反思与行动使教师对商务英语教学产生深刻的洞察、理解,形成正确判断,帮助教师对商务英语教学展开质疑,激发教师的批判性意识按照自己教学理念,变革商务英语教学实践,致力于教学革新。因此,可以说,商务英语教师的教学反思与行动过程就是一种创新的过程,能够有力促进商务英语教师的创新能力的发展和提高。

第五,商务英语教师反思与行动促进商务英语教师综合能力的提高。教学反思与行动不只是对教学行为和教学理念的反思、构建和改进,而是商务英语教师个体完善教学综合能力的途径。通过不断对自身教学行为和个体生活的反思,商务英语教师将自己作为反思的对象,自我对话,对自我解读,对自我进行重构。反思实践是自己调整行为、理想与现实的客观趋势矛盾和冲突的必然过程,并在协调中重建自我,完善自我。通过教学反思与行动,商务英语教师逐步形成敏锐的职业判断能力,熟悉商务英语教学原则、教学方法和教学实践环境,具有自己的独立见解、判断和思考能力,知道教什么,如何教。教师由反思、评价入手,发现问题,由问题入手,形成研究的基础,由研究入手进行探索和发现,从而使理论水平和教学水平获得全面的提高。通过反思与行动,教与研相结合,商务英语教师自己从中受到教育,从而发展其职业判断能力、专业化能力以及终身学习能力等综合能力。只有通过教学反思与行动,商务英语教师对教育功能和价值认识才能不断深化,从而逐步发展成为研究型的积极主动的职业教育者。

教学反思与行动研究的理念和方法,是商务英语的专业成长和个人持续发展的行之有效的发展途径,是提高其专业情意、专业信念、教学能力、科研水平、创新能力和综合能力的必由之路,对推动商务英语学科的理论与实践发展都具有重要的现实意义。

4.2.2 商务英语教师反思与行动发展特征

根据反思教学特征与行动研究特征以及商务英语学科属性,商务英语教师反思与行动发展具有如下特征。

1)商务英语教师反思与行动发展具有反省、批判相结合的特征

商务英语教师反思与行动发展的反省与批判性活动性质是

由反思与行动的性质所决定的。商务英语教师的反思是教师立足于自我以外的、对于自身教学实践方式和情境进行多视角、多层次的思考。在此基础上，教师持续地对其教育教学，如教学对象、教学内容、教学手段、教学环境等进行批判性深入探究和改进，这是商务英语教师自觉意识和能力的体现。反思批判性确保人们对问题及过程进行反思，从而使假设和过程更加明晰化，以便更好地做出判断，将对实践的论述上升到理论的高度。而辩证批判性需要理解现象与环境之间的关系，也需要理解组成现象的要素之间的关系，需要关注要素具有的不稳定性、排斥性和多变性。商务英语教师在解决问题的过程中，形成建设性的方案，并在行动的基础上不断反思，从而达到对商务英语教学问题的本质更为深入的认识。反思与批判使商务英语反思与行动成为一个动态性、开放性、螺旋式上升的展开过程。

在教学过程中，商务英语教师不断批判着、否定着原有的思维与认识的不合理部分，使自我认识不断地螺旋式前进，进入更高层次的发展，从而达到对商务英语教育教学更高层次的认识。在此基础上，商务英语教师积极行动，通过反思认识、信息反馈，根据需要不断调整最初计划和修改行动措施，以适应不断发展变化的新情况、出现的新问题，同时不断地进行自我反思，总结经验，不断完善控制、实施和管理。概言之，商务英语教师利用反思与行动途径，积极地研究课堂中的信息和问题，关注商务英语教学的目的、过程、结果、手段和工具、效率等，不断追求更多的商务英语本体知识与更完善的商务英语教学手段与方法，推陈出新，进而提高教学质量。同时，商务英语教师大胆质疑预先制定的教学程序与模式，对商务英语教育的理论和实践持有质疑精神并及时地把思想变为行动，以促进商务英语教学持续、不断地完善与发展。

2）商务英语教师的反思与行动发展具有理论与实践相结合的特征

教师反思与行动的目的是为了更好地提高教育教学实践。教师是反思与行动的主体，其中，既有教师实践对教育理论的批判，又有教育理论对教师实践的观照和审视，从而使教育实践具有较强的理论吸纳能力，有效地促进教育理论和实践的良性循环、转化和发展（赵昌木，2005）。作为新兴的商务英语学科，其教育教学发展还处在发展的初始阶段，其教育教学还未形成完善的范式，其教师需要面临许多需要解决的具体、实际问题。商务英语教师根据商务英语学科规律、原理、属性，应用反思与行动方法，将商务英语理论与具体商务英语教学实践相结合，在理论与实践的辨证互动中，寻求教育教学实践的改进和理论的发展。从而促进商务英语教师对实际问题的解决，改进教育、教学工作，完善与实际问题相关的理论，推动商务英语理论的发展。

同时，在反思基础上，商务英语教师开展行动研究，重视实践者以科学地发现和解释事实为基础的、以解决问题为目标的诊断性研究，及实践者对自身实践情境和经验所做的多视角、多层面的分析和反省（赵昌木，2005）。商务英语教师在教育实践过程中，除了转化其专业学科知识和教育科学知识，以及随着教学经验积累、阅历的增多而自然积累的知识，教师应将教育理论与教师个体的具体实践情境和经验结合，对其自身实践经验进行反思，商务英语教师需要在教育、教学工作中投入大量的时间和精力进行思考、研究，并将不断获得的理论知识应用于实践之中。这样，理论指导实践，实践反过来又进一步完善理论，理论与实践之间是一个不断转化的过程。教师通过实践情境的探究和理解以及对实践的行动和变革，把理论与实践内在地联系起来，从而不断提升商务英语专业实践水平，促进其商务英语教学观念和思想的形成和发展。

3）商务英语教师反思与行动发展具有自我导向与共同合作相结合的特征

在教育实践过程中，商务英语教师考察与教学有关的自我行为表现，主动自我监控，肯定支持和强化合理部分，否定、修正和调整自我教学行为，从而不断提高教师的自学能力、教育研究能力和教学创造能力等，进而促进教育教学效能提高。这个过程是一个自我内部对话的过程，是教师个人主观能动性的体现。商务英语教师对自己的教学行为进行反思，即对自己的教学观念、教学原则、教学方法、教学手段等进行无情的“解剖”，自觉主动地进行自我批评，找出与优秀教师之间的差距，弥补不足，努力超越现实，超越自我。商务英语课教师进行的常规反思与行动和不同阶段的反思与行动，可以及时、有针对性、经常性地进行，具有较强的操作性。

同时，商务英语教师的反思需要借助一个活动共同体，将自我反思与行动与共同反思与行动结合起来。目前，越来越多的研究者将反思看作是一种社会性实践。商务英语教学反思与行动需要一个民主而和谐的教师群体或小组。教师之间互相听课，平等对话，相互展开批判性的分析，讨论教育实践的困难，及时探讨解决问题的方案。通过团体的力量，针对课堂活动进行讨论、交流、沟通，可以大大提高反思的结果，促进教学方法的改善，提高课堂的教育教学效果。商务英语教师还需借助学生资源，让学生评价教师的教学，学生的评价可以从一个侧面反映出教师的教学情况，以利教师进行深入的借鉴与反思。良好的师生间协作反思的互动过程体现教学活动应以学生为主体的教学理念,提高教师反思与行动的针对性和目标性,同时,能够大大地提高学生对教学活动的关注程度,从而增强学生学习的主动性、积极性,主动提升教育教学效率。

4）商务英语教师反思与行动是研究与行动结合的活动

行动研究强调通过实践者自身实践进行的研究形式。英语教师是教育活动的实践者,同时也是自己教育情境的研究者。教师将研究与实践相结合,在行动中研究,在研究中改进行动。商务英语教师在真实的教学环境中发现问题,采取个人或与其他人合作方式,分析问题并实施行动研究,使行动现场变成研究现场,使实际教学过程变成研究过程。行动研究就在解决问题的过程中,为研究者和实践者共同参与研究和工作提供了结合点,或者说拥有一个共同活动的行动“场域”（Lewin, 1948）。商务英语学科的框架已经形成,但其教育教学过程许多具体问题尚未解决,商务英语教师行动研究根据这些尚未解决或者未很好解决的问题,个人或与同行合作提出设计和假设,并且在实际教学中,边行动边研究,在不断的行动、观察、检验、反思行动结果的循环中改进教学活动,增强商务英语教师实践活动的理性自觉,使教学实践趋向合理、有效,这种研究与行动结合的方式对商务英语教学范式的形成具有巨大的推进作用,使得行动研究的结果具有更好的实践价值和实际意义,真正解决商务英语教育教学的实际问题。

商务英语教师基于行动研究的结果,将研究成果转化到具体教学实践中。一般来说,“行动研究不囿于某一理论知识,而主动容纳和利用各种有利于解决实践问题、提高行动质量的经验、知识、方法、技术和理论,特别重视实践者对实践和实际问题的感受和体认(赵昌木,2005)。”商务英语教师行动研究以教师为主体、立足于行动的研究,其主要目的在于通过研究与行动结合,对研究的实践及情境作实际的改进和完善,研究过程以行动开始,在行动中进行,旨在行动和研究中提升教师的行动质量和专业水准。同时,商务英语教师在解决实际问题的基础上,行动研究还能够促进商务英语学科教学理论的充实,促进其知识、能力体系的建构和理论化。

5) 商务英语教师反思与行动发展是具体性与及时性相结合的活动

教师行动研究的目的是促进学校教育教学工作,通过实践提高教育教学质量,改进教育教学工作,收到较好的教育教学效果。根据张正东教授的研究,行动研究具有四个特点:一是研究的对象限于自己的学生或自己的教学活动,一般不挑选被试者;二是研究内容主要是研究者在教学中或自身发展中所遇到的问题,一般都是比较具体的问体;三是研究者一般就是研究的设计者、实施者和评估者;四是研究方法主要属于内省、反思核准实验法(张正东,2001)。商务英语教师反思与行动研究是一种以体验为基础的持续学习的过程,其教师反思与行动研究的目的是促进其教学的改进,因此,其研究的问题都是商务英语教师日常教学工作中所遇到的具体问题,问题的提出都具有针对性和适用性。

商务英语教师的反思行动研究的过程是一个变化开放的过程,以及其教学过程的复杂性和多样性,必然为商务英语教师反思与行动研究提出多样的问题,但是不管其内容如何多样化,其问题大都十分具体,都是实际教学情境中发生的具体课题。由于商务英语教师反思与行动发展课题都来自于一线,都是教学实践的具体实际问题,这些问题的解决就十分紧迫,亟待解决。它要求教师在发现问题后，要能够及时寻求措施解决问题。同时，教师在解决问题的过程中不但要缜密地进行反思，而且要将思考的结果付诸行动，并在行动的过程中再不断地反思、修正和行动。这个过程是教师在行动中完成的，是教师以前尚未尝试过的一种体验，也是教师不断学习和发展的历程。

4.3 商务英语教师反思与行动发展模式

对于教师教学反思与行动研究的基本过程，国外学者都分别有分析和阐述。杜威(J. Dewey)提出了著名的反思型思维五步说：感觉到的疑难——确定疑难——对不同解决办法的设想——确定解决疑难的假设——观察和试验，得出结论(朱旭东，2011)。也就是说，在实际教学环境中，教师面临某种困境时，思维总是处于某种困惑、疑惑情况，迷乱或怀疑出现之后，教师感觉到种种问题存在。第二步是教师针对所感觉的困难提出问题。也就是找到疑难，并确定疑难所在。在这个阶段教师使感觉到的、直接经验到的疑难或困惑理智化，并给予初步的试探性的解释。第三步是假设阶段。在前面自发观察的基础上，通过观察和其他心智活动以及材料收集，再进行深入的和更多的理性观察研究，试探性地解释实际要解决的疑难，逐渐形成对问题的洞察和理解。第四步是推理阶段。即对假设从理智上加以认真的推敲，进一步考察事实，使假设更加一致，并与更广泛的事实相符合，推断出哪一种假设能够解决疑难。第五步是检验阶段。精心布置符合观念或假设要求的种种情境，从而审视这种观念的理论解释在实际上是否有效。

如果试验的结果或假设同理论的或推论的结果一致，被验证或证实了，那么他就是确定的结果，这结果就是可信的。如果这种假设最终被否定了，那就表明它没有被验证或证实。虽然是一种失败，但是教师仍然可以从失败中得到一些有益于成功的东西。

科顿和兰格（A. B. Colten & O. Lange）于 1993 年提出一个教师反思框架，描述了反思的过程：教师首先选择问题加以关注，并从可能的领域，包括课程方面、学生方面等，收集关于这一问题的资料。二是教师开始分析收集来的资料，形成对问题的表征，以理解这一问题，可以利用自我提问来帮助理解。问题提出后，教师在已有的知识中搜寻与当前问题相似或相关的信息。如果搜寻不到，教师就会请教其他教师和阅读专业书籍来获取这些信息。这种调查研究的结果，有助于教师形成新的、有创造性的解决办法。三是在对问题情境形成了明确的表征，教师开始建立假设以解释情境和指导行动，并在内心对行动的短期和长期效果加以考虑。四是考虑过每种行动的效果后，教师就开始实施行动计划，当这种行动在被观察和分析时，情境开始了新一轮循环（皮连生，1993）。

目前，西方比较流行的反思模式主要有埃拜（J. W. Eby）模型和拉博斯凯（V. K. Laboskey）模型。埃拜模型建立在杜威的反思理论与柯尔伯格（L. Kohlberg）等人的道德理论基础之上，认为反思性教学有广义与狭义之分。狭义的是指课堂行为；广义的不仅指课堂行为，而且包括课前的计划与课后的评价。它由反思性计划、反思性教学、反思性评价三部分构成。

拉博斯凯模型也是建立在杜威的反思理论的基础之上的。此模型认为反思性教学主要有三个部分：动力、行动和结果。一是教师反思行动总是处于特定的情境中，并指向特定的内容：实践的与理论的。虽然基于不同的理论,而致模型有所差异,但在实质上,这些模型都包含发现问题—探讨研究—解决问题三个环节;二是在发展学生的同时实现教师自身的提高。

教师行动研究者凯米斯和麦泰格特(S. Kemmis & R. McTaggar)将行动研究的基本过程总结为计划、实施、观察、反思四个步骤(Kemmis & McTaggar,1982)。"计划"是指在开展行动研究之前选择研究的问题,行动研究的计划实施的背景是课堂教学的实践背景,以期对计划得以实施的现实性有一个客观的认识,其内容主要包括行动目的、探究的具体问题、此项行动的预期成果、实施此项行动的具体方法、时间和期限、完成此项研究所需的资源、对原计划的微调(M. J. Wallace, 1998)。"实施"是行动研究的具体实施阶段。行动研究中的行动具有很强的情景性与实践性,即充分考虑当时当地的特殊因素,强调研究结果的直接教学意义(吴宗杰,1995)。

行动研究以解决课堂行为的实际问题,提高教学质量为根本目的,教师在计划实施过程中可以根据实际情况做出必要的调整,以保证研究结果的客观性。"观察"是指在行动的过程中,详细地观察、监控和记录行动情况,并对本研究的成果作全面透彻的分析。可根据预先确定需要观察的问题,如教师话语、教学策略、课堂管理等设计各类课堂观察表,以便课堂观察者能够带着问题走进课堂,更好地完成课堂描述,从而进一步了解教学过程和方法,有利于教师的自我反思。"反思"是行动研究的结论,一般包括:问题界定是否明确;研究是否按计划执行;行动研究的结果如何;研究手段是否丰富;资料收集与记录是否详尽;研究的信度和效度如何等。

教学反思过程强调教师对教学的理解与内省,注重观察、反思、假设和推理，调动经验所赋予的心智考察问题，以解决教师教学中的困难与难题。而行动研究过程强调教师运用科学方法，在实际工作中进行，注重研究中的计划、实施、观察、反思，以解决教学中存在问题或尚未解决好的问题。事实上，实际教学反思过程一定会与计划、观察、实施等行动结合，而行动研究过程也一定会包括教师的对行动的思考、反省。从这个意义上来说，教学反思与行动研究有相交覆盖之处，只是各自侧重点不同。

教学反思以反思为核心，反思中的行动为反思自省的背景和基础，更注重理论建构性；行动研究聚焦教师中的行动本身，反思是行动研究过程中的手段与媒介，强调理论结合实际，在行动中研究，更注重实践行动性。反思模式与行动模式目标都是解决教学中存在的实际、具体问题。商务英语学科教育教学由于其学科属性，其教学既具有语言教学属性，又具有专门用途英语教学特征，同时还具有国际商务知识学习的特征。商务英语教师在教学中，不但面临着教学理念、原则、教学规律等的教学理论方面的问题，还会碰到许多商务英语教学实践问题和难题。因此，根据商务英语学科教学的特点，将教学反思与行动研究结合起来，吸纳两个理论优势，反思与行动融合，反思与行动互促，构建商务英语教师专业发展的反思与行动模式，可以有效解决商务英语理论与实践问题，从而推动商务英语教师专业能力不断发展，专业水平不断提升。

商务英语教师的反思与行动模式寓反思与行动为一体，发挥反思质疑精神和行动精神，在反思中行动，在行动中反思，研究商务英语教育实际问题，寻找问题解决的最佳途径。具体来说，包括以下几个阶段。

1）*在行动中反思发现问题*

反思与行动模式的目的是解决问题，因而发现问题是关键，是反思与行动的第一环节。商务英语教师在行动中反思而发现问题包括两个层面：一是指在商务英语教学活动和教学行动过程中，教师面对出现的困惑、疑难，积极主动面对，认真思考，促进反思思维产生。二是在有了探究方向的基础上，教师对所发现的问题做详细的描述，聚焦问题，进而逐渐明晰具体问题，确定研究问题。教师在进一步明确问题的基础上，才能展开下一步的研究。例如，商务英语翻译教学中，教师发现学生翻译出的文本，与原文文本的风格和行文方式总是相去甚远，这个困惑可以促使教师针对问题进行反思，具体描述学生翻译的商务材料的文本风格问题，如对产品说明书翻译的问题、公共标识语翻译问题、商务报告中出现的风格问题，等等。在这个过程中逐渐澄清问题，确定研究问题。商务英语教师在反思与行动中寻找问题的时候，还应考虑所关注的问题的普遍性，对于教学中普遍存在的问题，涉及商务英语教学全局的问题，要特别加以注意，重点解决。

2）在反思中分析、理解问题

在反思中分析、理解问题是指教师对所存在问题进行界定，诊断其原因，明确其范围，以便对问题的本质有一个清晰的认识。商务英语教师以问题为中心，分析和搜集材料，并根据个人的教学理论知识和教学经验，以自主或群体合作方式，尝试分析问题背后的原因，对困惑现象做出尝试性的解释。这个阶段教师可针对以下问题进行分析和思考：实际问题的现状如何？问题的成因怎样？是否值得研究？解决问题后对教学改进意义如何？方案形成后是否有实施的场所和机会？

例如，商务英语教师针对学生翻译商务文本风格不对应问题，进行进一步的思考和分析，假设其是因为教师教学方法问题，或是商务英语学生学习动机问题，还是商务英语学生母语文化背景干扰问题,等等。通过反思中的分析和对问题的进一步理解和思考,教师分析和推断造成学生商务文本翻译的风格不对应问题的主要原因可能是教师对学生的商务文本类型分析得不够细致,其二是学生对商务专业术语和固定表达掌握不够。这个解决方案对解决学生商务翻译中的风格不对应的问题具有改进的作用,通过解决问题方案实施,学生可以提高其各类商务文本翻译的水平。

3) 在反思与行动中设计解决方案

在理解和认识的基础上,商务英语教师积极行动,设计解决方案,即做出解决问题方案或计划。解决问题的计划分为目标、策略和步骤三个方面。目标是指商务英语教师在做计划时要设计解决问题的行动目标,也就是教师要在反思与行动中设定计划实施后所要达到的目标。策略是指商务英语教师为达到目标设计、解决问题的教学策略和教学方法。步骤是指商务英语教师未达到计划目标,采用特定的教学策略而解决问题的步骤与安排。例如,在对上述商务英语翻译教学中,学生翻译商务文本的风格问题,教师解决方案中首先应设计计划目标,确定其研究目的为:改变商务英语学生翻译商务文本出现的译文风格不对应的状态,通过该计划方案的教学实施,学生的商务文本翻译的译文流畅自然,译文符合译语受众的习惯。第二,为达到此目标,计划在商务英语翻译教学中增加文本分析内容,对不同类型的商务文本风格进行语言层面的分析;补充学生的商务英语语言知识;增加商务术语和商务英语固定表达的认知和学习;增加跨文化商务交际知识的学习;采用情景任务式教学和案例式翻译教学模式,让学生在真实翻译案例中学习和实践(鲍文,2010)。第三,为实现上述的目标,教师将计划分为三个阶段,第一阶段是让对商务英语基本词汇和固定表达的学习,并让学生大量阅读商务英语典型文本;第二阶段是补充学生商务英语的背景知识和跨文化国际商务知识。第三阶段是运用情景与案例教学,全面提升学生的商务翻译能力。

另外,商务英语教师在设计计划时,还要注意计划要有一定的灵活度和发展空间,以应对随着研究的不断深入,教师对问题的认识的不断加深,保证教师对计划不断修改的空间,把未意料到的、未曾认识的各种因素加进计划中。

4) 在反思与行动中实施和观察解决方案

在行动中实施并观察解决方案,意味着教师在获得了关于背景和行动本身的信息,经过思考并有相当程度的理解后,所做出的负责任、有目的教学的过程。它包括两个层面的内容:一是按照计划设计的方案、策略、方法,实施课堂教学,以解决实际问题。具体实施中,教师需注意在一般情况下,应尽量按照计划方案进行。但如果在具体实施中遇到特殊情况,教师可以随着实际情况的变化而不断调整解决方案。二是在实施过程中对行动进行观察。商务英语教师对计划实施的观察十分重要。它是对行动进行反思,并修正计划,是确定下一步行动的前提条件。商务英语教师的行动观察可采用多种方式,教师既可以借助磁带、录像、日记等手段来观察记录本人的行动,也可以通过群体合作或他人的手段获得同行、专业等的帮助,或采用问卷以及访谈等手段,获得对计划实施的过程及影响的较为深刻的理解。

5) 在行动中再反思

实施和观察解决方案或行动计划的基础上,商务英语教师还需对整个结果再反思。再反思是对研究的总结,包括对观察到、感受到的与制定计划、实施计划有关的各种现象加以整理;评价反思行动的过程和结果,对有关现象和原因做出分析和解释,从而形成解决方案是否需要修正,需作哪些修正的判断和构想。例如,对上述翻译教学问题解决方案实施后,教师进行再反思,评价和总结解决方案的实施情况,针对这个计划提出以下问题:这个计划问题的界定是否清楚?这个计划合理性如何,有无漏洞?整个实施过程是否按计划进行,有无调整改动之处?计划实施的效果如何?从这个意义上来说,它不仅是对这个解决方案的总结,同时又是另一个计划的开始,另一个反思与行动研究的起点和开始。

商务英语教师反思与行动融合的发展模式中,教师既是反思者,又是行动者,既是理论探索者,又是实际实践者,教师能够将商务英语教学理论与实践相结合,解决教学问题。同时,作为行动者,教师又可以总结实践经验,通过反思,上升到理论层次,发展商务英语教学理论,促进商务英语教育教学研究,从而提高自身专业化水平。

4.4　商务英语教师反思与行动发展方法

4.4.1　教育叙事的反思与行动

叙事是人们感受生活和经验,徜徉于故事的方式。叙事既是一种现象,又是一种方法。“叙事”是人类认识世界、社会和个人的一种基本方式。叙事研究则是采用叙事的手段进行研究的一种研究方法。叙事研究起源于 20 世纪 70 年代以来的后现代主义心理学思潮,它认为人们的观察方式会不同程度地影响观察的结果,主张采用自我参照的现实性来代替客观的现实性,重视人的高级心理,提倡用历史文化学的研究方法对人的思维、创造性、人际关系、共存意识等高级心理进行多信息源的综合性研究。叙事研究比较适合在微观层面对社会现象进行比较深入细致的描述和分析,对小样本进行个案调查,便于了解事物的复杂性,常用开放的资料收集方式,注重了解当事人看问题的方式和观点,在自然情境下研究生活事件,注重了解事件发展的动态过程,适合作追踪研究,通过归纳的手段自下而上建立理论(马云鹏,1999)。

教育叙事是作为一种研究方法被"引进"教育研究领域的。教育叙事研究以叙事的方式来研究教育问题,表达对教育的理解和解释。教育叙事研究中,教师以个体化的实践性知识为考察对象,描述在自然情境下的教育经验、教育行为,从而加深对于教育及其意义的理解。教育叙事研究是教师比较详细地介绍事件的发生与解决的整个过程,"深描"一些有意义的具体细节和情境,回顾、分析与评价自己的心路历程(王小锦,2003)。教育叙事研究强调在叙事描述中,发现问题,揭示惯常行为背后潜藏着的认知图式、预定的假设、心照不宣的东西、集体无意识、缄默知识等,进而超越传统的限制,获得自身内在的启蒙和解放的力量,从而打开新的思考维度和新的探询方向,增强实践能力和自我超越的能力。因此,教育"经验以叙事的方式构建,并以故事的方式存在,揭示个体经验意义的最佳方式就是叙事。

教育叙事研究不是叙述那些无论对自己还是对别人都司空见惯的故事,也非一般的经验总结,而是教师通过叙事描述,反思自己的教育教学活动,并通过反思来改进自己的行动。也就是说,教师把日常的教育教学经验组织成有价值结构的事件,连接成有现实意义的链条,从而将看似平凡普通单调重复的活动赋予独特的体验。教师讲述教育生活故事,讲述那些或隐或显的蕴含着意义的教育故事,使得其在教学实践中所获得的教育教学的观念、教学的经验和技巧的外显成为可能,有助于提高教师对教学的认识和专业的发展。

因此,商务英语教育叙事就是“讲教育故事”,商务英语教师以合理有效的方式解决自己在教室或其他场所里发生的教育、教学问题,然后将自己怎样遇到这个问题,怎样解决这个问题的整个教学过程“叙述”出来。商务英语教育叙事是记录教师的教学生涯和成长历程的重要方式,也是其教育教学反思的重要方式。商务英语教师教育叙事研究能够有效促进教师的教育教学质量,提高其专业化水平。

其一,叙事研究有利于商务英语教师研究和审视自己,有利于教师将隐性知识转化为显性知识。商务英语学科是21世纪发展起来的新兴学科,其教学由最早的英语专业开设的商务课程发展而来。因此,目前其教师的学科教学大多是经验式的,学科知识以内隐的形式存在。而内隐知识具有个体性、直觉性、自动性、即时性、情境性等特征。商务英语教师采用教育叙事研究(采取日志、访谈或课堂记录方式的叙事研究)能够唤醒其教育经历和隐性知识,将灵感或者教学当中出现的问题和教师的一些无法用语言总结出来的经验等内隐知识用叙述的方式记录下来、积累起来进行研究,使内隐知识显性化,从而将理论与实践更好地结合。叙事研究增强商务英语教师对教育现象或问题的敏感性,促使其发现和澄清自己的隐性教育观念,提高原有经验的可利用性,强化成功的教学技能,积累教学策略,从理性的高度去审视自己的教育教学行为,提升自己的教育教学理念并促进教师的专业化。

其二,教育中的叙事研究通过教师描述日常的个人经历,为教师提供了专业反思的平台。教育叙事研究表面上以叙述为主,但实际上是教师对自己的经验进行全面深刻的反思。也就是说,教学叙事的实质是反思教学实践过程中有价值和有意义的资源，它对教学起剖析、反思、借鉴和启迪的效用。商务英语教师进行叙事研究的过程也就是反思的过程，商务英语教师叙事研究的重点反思强调在总结教学结果的基础上，对教学目的、教学过程、教学方法和学生反馈等几个方面的建设性批判和调整，其目的是为了提高教学效果，提高自己的专业化水平。它不仅仅只是一种客观观察和现象理解的过程。商务英语教师叙事研究的过程不单是反思的过程，还是对自己的教学活动进行全程监控、分析、调整的过程，它重建过去的教学情境与实践案例，表达日常教育实践中的知识。它还是记录反思的过程，从而更清晰地了解自己或者其他教师的成长历程。通过这种方式，教育叙事成为商务英语教师个人成长的工具，一种进入生活现象的技术，一种经验分享的途径。

其三，商务英语教育叙事研究促进教师合作共同发展。在教师教育经历的形成中，叙事的结构范式和过程对于教师个体的意识和合作理解大有帮助。商务英语教师通过叙事的方式，将自己或他人的教学经验和成长历程记录下来，其经验被人理解和阅读，生成为新的经验，既可以与同行分享，取长补短，也可以将自己的个性化教学展现给同行，从而促进商务英语教学理论和教学实践的共同提高，促进教师专业化发展水平。

1）商务英语教师日志叙事

“日志”源于法语，表示个人一天中可能完成的行程。运用到教育领域的则是指教育者在课堂仔细观察、课后立即记录的报告，包括课堂上有关教与学的质性材料的收集过程（Joaquim，2002）。教育日志是教师对生活事件的定期记录，它不仅罗列生活事件清单，而是通过聚焦这些事件，更多地了解自己的假定（布鲁克菲尔德,2002)。教育家王蔷认为,教学日志是指教师对自己的教学经历予以归纳、概括、反思和评价,觉察存在的问题,明示改进思路和措施,进而不断更新教学理念,促进自身专业发展,提高课堂教学质量(王蔷,2002)。

商务英语教学日志对教学"生活事件"的记录,包括教学中对自己有价值的、有意义事件的记录。同时,教师在持续而真实的记录基础上,对其进行批判性的分析,提出有效解决教学中存在的问题的思路与方法,从而不断更新教学思想观念。可以说,教师日志是对自身学习、工作的记录与反思。教师记录自己的教学行为,总结教学的得失与成败,对整个教学过程进行回顾、分析和审视(王雁玲,2005),以完善其教学艺术,提高自身发展能力,因此,是实现自我价值的重要途径。

商务英语学科教学主要包括备课、上课、观察学生、创设商务英语学习情境、组织商务英语教学活动、训练学生商务英语表达、评价学生、商务实践教学等多种活动。教学日志使商务英语教师关注传授的过程、方法、目的和结果等更深层次的问题。通过教学日志及时掌握教学情况,并进行系统的回顾、梳理,不断改进、完善,推陈出新,为教师今后的教学提供借鉴和参考,从而不断提高商务英语教学的有效性。同时,由于目前商务英语学科教学理论还有待发展和完善,许多教学实践经验需要从实践上升为理论,商务英语教学日志的材料可以用于商务英语教师进行教育科学研究的素材和数据,成为为商务英语从教学实践走向教学理论研究的有效方法。这种教学理论引导教学实践的方式,使教师的科研有的放矢,是最直接的理论联系实际的实证研究。商务英语教师在此过程中形成自己的教育教学思想,提高自己的教育理论素养和研究能力,实现教学与研究互补相长。

教学日志叙事目的是为了教学的反思与行动，因此，其记录内容应是“那些智力的、情感的行动，在这些行动中个人来探究他们的经验以产生新的理解与认识。反思涉及把未处理的、原始的经验作为一种方式来理解所发生的事情，包括探究混乱的事实及伴随他们的想法及情绪。反思可以作为一个非正式的个人行为或构建的课程的一部分，在这一建构中的，反思可能集中于特殊行为、过去的事件或当前发生的、可以激发学习的事情（Boud，1990）。

新兴发展的商务英语学科为其教师叙述自己的课程故事、教学反思与行动，提供了广阔的空间和丰富的内涵。商务英语教师应把握问题的焦点，借助专业对话，通过科学研究推进其学科的教学发展，构建具有独特性的专业自我。根据商务英语学科教学情况，教学日志的叙述可聚焦商务英语教学理论与教学方法、商务英语集体教学内容和教师对课程等的自我评价情况。

商务英语教学日志目的是帮助教师开展学习的过程，增强教师反思及反思实践的过程，自我意识内容主要包括教师对教学的自我评价。评价是对自己教学的成功之处及时记录，并适时反思，提出发展目标、补救措施和改进意见，即针对教学中出现的问题，提出今后教学中注意改进和努力的方向，就补救的时间、内容、方法提出切实可行的方案。商务英语教师还需对学生情况做出记录，并进行反思，包括学生对教学内容的理解如何，在课堂上的反应如何，学生在课堂上的积极性如何，学生的疑难在哪里，师生互动情况怎样，等等。

根据商务英语学科教育教学内容和目的，教学日志可采用多种方法进行叙事。针对全面了解商务英语课程整体教学情况，进行长期跟踪叙事与反思，可采取提纲式，即通过对自身课堂教学实践的分析，提纲挈领地一一列出教学内容、教学方法的展开及运用情况，学生表现及自我表现等方面的成功与不足。这种模式可以为教师的全面、系统评价教学得失，进行教学反思与行动，提供依据。如，对商务英语专业核心课“物流英语”课程，在每次课后采用跟踪叙事，对课堂某个方面情况进行提纲性记录，课程结束后，进行全面总结，进行反思，查找问题，根据翻译与行动步骤进行行动研究，解决问题，并在下一轮的物流英语课程中改进落实。

为了更好地解决商务英语教学某一个方面问题，可以采用专题叙事方法，就教学中存在的某一个专题进行连续记录，如针对商务英语课堂实践问题，教师连续进行长期的记录，进行深入的剖析，反思教学行为背后所蕴含的教学理念，从而确立正确的教学行为。

除了上述两种方法，商务英语教学日志还可以用随笔方法和点评方法。随笔方法是教师对自身产生的具体问题进行反思后的记录形式。这种方法注重教师对某一问题、事件的感受，揭示教师的思维方式，洞悉教师的内心世界及感受。点评方法则针对教学的实际言简意赅地加以批注、评述等，将教师在课前或上课期间的灵感进行记录。

2）商务英语教师合作叙事

教学日志是商务英语教师个人叙述的主要手段，主要是以教师个人为主导的叙述反思与发展手段。除此之外，商务英语教师还可以采用合作叙事手段，记录商务英语教学的情况，以进行教学的反思与行动。

所谓合作叙事就是将自我叙事呈现给同事进行讨论。在共同的合作探究中教师通过整体分析的方法引导出新的意义，从而使每一个教师意识到自己的定位。认知具有两种基本方法：一种是例证的方法，主要寻求普遍的真理；另一种是叙事的方法，主要是观察和认知世界，寻求事件的个别联系。叙事涉及到特定情境和场域的个别事件。故事是一种主观方式的叙述性作品，反映人们的经验。我们生活在我们所听到的和读到的故事里，故事是我们唯一生活方式。叙事既是一种现象又是一种方式。经验是一种变革个人生活的叙事建构，欣赏和估价其他教师的经验是运用叙事研究的主要理由。商务英语教师在分享其他人的经验的时候，共同叙事探究，取长补短。同时，每个教师个体都从自己不同的学科出发讲述自己的故事，通过合作，共同发展个体和集体的叙事，自我研究，讲述自己的故事，保留独立性，形成自己的教育哲学风格。商务英语教师的合作叙事是基础，在叙事基础上是教师的反思与行动，这与下章要讨论的商务英语教师的群体合作发展模式和步骤有异曲同工之处，在此不展开讨论。

4.4.2 课堂观察的反思与行动

课堂观察作为一种研究课堂的方法，起源于20世纪五六十年代西方的科学主义思潮。美国社会心理学家贝尔思（R. F. Bales）于1950年提出了“互动过程分析”理论，开发了人际互动的十二类行为编码，并以此作为课堂中小组讨论的人际互动过程的研究框架，开创了课堂观察研究的先河。其后美国课堂研究专家弗兰德斯（N. Flanders）于1960年提出“互动分类系统”，即运用一套编码系统，记录课堂中的师生语言互动，分析、改进教学行为，标志着现代意义的课堂观察的开始（陈仕清，2012）。

课堂观察不同于传统意义上的听课、评课活动。课堂观察是一种科学的观察，是在一般观察基础上发展起来的一种特殊的技能,一种讲究专业性的活动,具有学术性和专业性。课堂观察不同于传统的听课,是观察者带着明确目的,凭借自身感官,运用一定的辅助工具,直接深入课堂,观察、了解和研究课堂教学的活动,并依据资料作相应研究的一种教育科学研究方法。课堂观察是研究课堂的基本方法,是教师获得实践和知识的重要来源,也是教师用以搜集学生资料、分析教学方法的有效性以及了解教与学行为、提升教师专业水平的重要途径,其主要目的是改进教学、促进教师专业发展(陈如平,2004)。简言之,课堂观察就是通过观察对课堂的运行状况进行记录、分析和研究,在此基础上谋求学生课堂学习的改善和促进教师发展的专业活动。

课堂观察作为科学研究方法具有目的性、系统性、理论性、选择性和情境性等特点。课堂观察的目的性要求观察行动一定要指向一定的教育现象和教育问题,在课堂观察中,研究者通常要根据自己的研究目的来从事观察活动,这是开展课堂观察的基础,观察对象的选择、观察内容确定、观察方法设定都是围绕观察的目的而进行的。系统性要求课堂观察者具有明确的目的,根据自己的研究目的来选择课堂观察的策略,对观察的整个过程做出系统的规划,使观察系统地、有计划地进行。理论性要求观察研究的教育现象或教育问题应以一定的教育理论为指导。选择性是指研究者在进行课堂观察时必须对所涉及问题进行选择,如研究问题、观察对象、观察情景、观察工具、观察时间、分析方法等都需要观察者进行选择和确定。情境性是指课堂观察是在现场进行的研究活动,它是对行为和事件发生地进行观察和记录,也可以是观察者记录下那些只可能在现场产生的、与研究主题相关的对现场活动观察的感受、理解和反思。

商务英语学科教学还处于发展的初始阶段,有关教学的许多问题亟待探讨、研究，而课堂观察是研究课堂教学，提升教师教学水平的有效手段。

首先，课堂观察可以为观察者提供已收到的研究资料，为反思与行动打下基础，有助于教师的实践反思。课堂观察对于教师而言，是诠释、理解课堂事件背后意义最直接的途径。通过课堂观察，商务英语教师能够获得有效的反馈，有利于教师取长补短，形成尝试新想法、再确认或修正既有教学方法的教学动机等，促进商务英语教师专业素养的提高，从而提高课堂教学质量。第二，商务英语教师通过课堂观察，获得对课堂活动的具有深度和广度的洞察和理解，形成课堂敏锐的洞察力，对课堂教学中各种外显及内隐的变化具有敏感性，预先觉察教学中可能出现的问题或者问题的苗头，做好应对预案，从而增强教师对商务英语课堂的整体驾驭能力。第三，课堂观察有助于商务英语教师教学风格的形成。教师教育实践性的智慧，教师教育哲学观点形成都离不开课堂观察。商务英语教师应进行课堂观察，请同行、督导观察自己课堂教学，请他们给自己教学诊断，提建议，以利自己教学行动。同时商务英语教师还应主动去听同行的课，学习他们的优良之处，并以他们作为自己的镜子，通过他们查找自己教学中存在问题，以利自己的反思与行动。在观察与被观察的双向深层次交流中，商务英语教师能够对自己的教育观念、教学方法、教学组织等情况进行客观的认识、判断、评价，从而进行合理调节，借鉴同行的教学经验，博采众长，最终形成自己独特的、具有个性化特点的教学风格。第四，课堂观察能为商务英语教育决策与教学评价提供较为客观的依据。商务英语科学的教育政策和策略应建立在科学研究的基础之上，商务英语教育方法的推广，商务英语教学模式的确立，商务英语课程的开发等问题都需要通过教育来实现,而在研究过程中需要通过课堂观察来收集及时、可靠而直接的反馈信息,通过课堂观察检验某项教育决策、措施和改革在课堂中体现的效果,以便随时修改教育决策研究的方向,使教育决策更为科学。从这个意义上来说,课堂观察是商务英语教学评价的有效手段。第四,课堂观察有利于形成商务英语教师的合作文化。教师主动向同行开放自己的课堂,共同来探讨课堂教学与学习的专业问题。通过课堂观察,教师在心态与行为上变得开放和接纳,从而在商务英语教学团队中营造合作的文化,从而增进了教师的互助协作,共同进步。

商务英语教师课堂观察过程中,教师观察教学情景、教学理念、教学方法,分析观察对象的教学情况,做出教学评价,在此基础上进行反思,并与自己教学进行对照,通过这种方式把教师带入自我认识、自我反思和自我完善的良性教师发展与成长的过程。商务英语教师可以通过听别人的课,增加对自己的了解,正如范斯洛(J. N. Fanselow)所说:“我来听你的课,不仅在用放大镜观看教学活动,也在用镜子观察自己,因为你的课堂行为反映出我的很多行为”(Fanselow,1987)。教师通过观察别人来探究自我教学实践,从而找出问题,进行反思与修正,并按照教师行动的步骤,在商务英语教学中进行具体实施反思行动。

商务英语教学课堂观察包括教师授课观察和学生听课观察,教师授课和学生听课是教学的一个问题的两个层面。

商务英语教学观察主要包括观察教师的授课和学生听课两个方面。对教师的教学观察侧重商务英语教师教学理念,教师在教学中表现出的对商务英语教学的观点、看法、信念。第二是对教师的具体教学过程的细致观察,发现和理解教师采用何种教学法,如何运用该种方法,此种教学方法运用的过程和效果等。第三是教师的课堂教学语言的观察。第四是对组织课堂活动的设计、安排、过程和组织,以及如何调动学生进行课堂活动进行观察和评价。第五是对教师的整体教学机智和教学风格的观察和总体评价。

对学生的观察首先是对学生的需求和兴趣观察,了解商务英语学生的所需、所求、所诉。其次,是对学生的课堂参与度的观察。学生对学习的好奇心和求知欲是他们积极参与学习活动的前提,因此,观察学生参与课堂活动,进行师生互动交流的情况必不可少。再次是观察互动交流情况,商务英语课堂是以交际教学为主,是实践性较强的教学,在观察时要注重观察学生互动交流的多元性、丰富性和时效性如何,还要观察学生与教学媒体之间的交往。在课堂上,一要看课堂是否有多元、丰富、多样的信息交流与信息反馈活动;二要看课堂上是否有良好的师生、生生的合作氛围。最后是观察学生的课堂积极思维情况。商务英语以培养学生具有较强创新能力和较高综合素质为目的,观察时需对学生积极思维的程度如何,要观测学生在课堂上的积极思维过过程,包括提出问题、分析问题能力和解决问题的情况,观测学生的是否具有挑战性与独创性。

商务英语课堂观察是一个系列过程,可分为以下步骤:

首先是对课堂观察的设计。商务英语课堂观察应根据观察的不同目的和不同背景等,确定观察的中心和观察焦点,亦即选定观察视角。

第二步是根据观察目的语视角,确定具体的观测点。在此基础上选择观测工具,既选择一种最为合适的记录方式,对观察中心的行为和实践进行记录。恰当、有效、合理的设计是商务英语课堂观察的有效性的前提和保障。

第三步是观察的实施阶段。它包括进入研究情境，以及在研究情境中依照事先的计划及所选择的记录方法对所需的信息进行记录。

第四步是观察结果分析反思阶段。在对资料进行分析和整理之后，商务英语教师获得了从系统的资料中归纳推论出研究结论。但是值得注意的是观察的目的一定要与反思相结合。被观察的商务英语授课教师应进行课后反思，对教学目标的实现度、活动设计的有效性和课堂的生成性三个方面进行反思。而观察教师则根据观察记录观察点、课堂观察记录，依据相关的教育教学理论对被观察者的教学行为，以及学生的课堂表现进行反思分析。可以采用各自反思方式，也可被观察教师与观察教师共同进行反思。而最重要的是反思的结果应落实在教师的改进行动中。

商务英语教学课堂观察是一个观察者和被观察者的互助反思与行动过程。在互助观课中，观察者与被观察者都带着互相学习、互相促进、共同解决教学难题的目标与愿望，这种听课方式一般不涉及褒贬评价和奖惩利益。授课教师注重学习与发展，能主动尝试具有挑战性的教学活动，课堂上能够真正表现自我，乐于认真反思、请教与切磋；观察者以学习、研究和指导者的多重身份观课，他们具有较强的针对性，更多地指向课堂教学与课堂行为的有效性。同时，课堂观察后，进行研讨分析活动，双方都会以诚相待，共同受益。通过同事互助观课，可以比较全面地满足商务英语教师对专业发展的需求和改进教学方法、提高课堂教学质量的要求，还能够促进同事间的真诚合作，使教师从传统的“教师个体劳动状态”解放出来，真正融入学习型团队中，对提升其教学能力，发展其教学素质都有巨大的促进作用。

课堂观察是教师获得实践知识的重要来源，也是教师用以搜集学生资料、分析教学方法的有效性以及了解商务英语教与学行为的基本途径。商务英语教师通过对课堂观察方式多样化的实践与研究，提高课堂观察效益，改善商务英语学科教师教学行为。

反思与行动是教师专业成长的内源性动力，要引导和鼓励全校教师，形成反思意识，培育反思能力，养成反思习惯，做到在工作的过程中反思，在反思的过程中工作。反思与行动的形式多种多样，如上述分析的商务英语教师叙事、商务英语教师日志、商务英语教师课堂观察，等等。除此之外，商务英语教师还可拓宽渠道，采用如学生评教、同行评教、录像、问卷与访谈、课程教学总结等方法，内部反思与外部促进的反思相结合，使商务英语教师更加全面、理性、准确地了解自己的教学情况，发现问题，找到解决问题的方案，从而全面推动教师教学质量提高，提升教学反思与行动能力，促进教师专业化发展。

参考文献

Boud, D. 1990. Using Journal Writing to Enhance Reflective Practice New Direction for Adult and Continuing Education(12).

Brockbank, Anne & McGill I. 2003. Facilitating Reflective Learning in Higher Education [M]. Open University (Reprinted).

Brubacher, J. W. & Case, C. W. & Reagon, T. G. 1994. Becoming a Reflective Educator: How to Build a Culture of Inquiry in the School.

Carr, W. & Kemmis, S. 1986. Becoming Critical: Education, Knowledge and Action Research [M]. London: Falmer Press, and Deakin University.

Eby, J. W. et, al. 1994. Reflective Planning, Teaching and Evaluation [M]. Macmillan Publishing Compny.

Elliot, J. 1991. Action Research for Educational Change [M]. Bristol: Open University Press.

Fanselow, J. F. N. 1987. Breaking Rules: Generating and Exploring Alternatives in Language Teaching [M]. White Plains, N. Y. : Longman.

Griffiths, M. & Tann, S. 1992. Using Reflective Practice to Link Personal and Public Theories [J]. Journal of Education for Teaching(18).

Hopkins, D. A. 1985. A Teacher' s Guide to Classroom Research [M]. Milton Keynes Open University Press.

Englis, S. 1994. Making the Most of the Action Learning [M]. Aldershot' s Englan: Gower Press.

Joaquim, A. 2002. Diary Writing: An Interpretive Research Method of Teaching and Learning. Educational Research and Evaluation(8).

Kemmis, S. & McTaggart, R. 1948. The Action Research Planner[M]. Victoria: Deakin University Press.

Lewin, K. 1990. Resolving Social Conflict [A]. Selected papers on dynamics [C]. New York: Haper & Row.

Parker, S. 1997. Reflective Teaching in the Postmodern World [M]. Buckingham: Open University Prwss.

Peddler, M. 1996. Action Learning for Managers [M]. London: Lemos & Crane.

Posner, G. J. 1989. Field Experience: Methods of Reflective Teaching (2nd ed.) New York: Longman.

Raven, R. 1997. Action Learning: Its origins and Nature [M]. Brookfield: Gower Prwss.

Schon, D. A. 1983. The Reflective Practitioner: how Professionals Think in Action [M]. New York: Basic Books.

Sternhouse, L. 1985. Research As a Basis for Teaching : Reading from the Work of Lawrence Sternhouse [M]. London: Portsmouth.

Vilar, L. M. 1994. Teaching: Reflective from T. Husen et al. , The International Encyclopedia of Education , Elsiver Science Inc.

Wallace, M. J. 1998. Action Research for Language Teachers [M]. Cambridge; CUP.

鲍文. 2009. 商务英语学科论[M]. 北京:国防工业出版社.

鲍文. 2010. 商务英语教学论[M]. 北京:中国广播电视出版社.

陈如平. 2004. 教师课堂观察技能机培养[J]. 教学与管理(23).

陈仕清. 2012. 英语教师专业发展新路径[M]. 南宁:广西教育出版社.
布鲁克菲尔德. 2002. 批判性反思 ABC[M]. 张伟,译. 北京:中国轻工业出版社.
杜威. 1998. 我们怎样思维[M]. 姜文闵译,北京:人民教育出版社.
范梅南. 2001. 教学机智——教育智慧的意蕴[M]. 李树英,译. 北京:教育科学出版社.
付安权. 2009. 论英语学科教师专业发展的在概念化[J]. 外语界(1).
黑格尔. 1996. 小逻辑[M]. 北京:商务印书馆.
洪明. 2003. 反思实践取向的教学理念——肖恩教学思想探析[J]. 外国教育研究(18).
洪明. 2004. 基于行动研究的教师教育——埃利奥特教师教育思想探略[J]. 外国教育研究(9).
李玲,陈静. 2006. 论杜威的反思性思维及反思性教学[J]. 黑龙江高教研究(12).
连榕. 2007. 教师专业发展[M]. 北京:高等教育出版社.
林青双,徐策. 2005. 教师行动研究——教师专业发展必经之路[J]. 现代教育科学(2).
刘润清. 1999. 论大学英语教学[M]. 北京:外语教学与研究出版社.
洛克. 1959. 人类理解论[M]. 北京:商务印书馆.
马云鹏,林志中. 1999. 指导研究方法及其在教育研究中的运用[J]. 中国教育学刊(4).
毛亚庆,鱼霞. 2005. 反思:教师职业生涯可持续发展的基础[J]. 天津师范大学学报(基础教育版)(1).
皮连生. 1993. 学与教的心理学[M]. 上海:华东师范大学出版社.
平爱红. 2004. 教学反思的学理探讨[J]. 教育理论研究(12).
施良方,崔允漷. 2000. 课堂教学的原理、策略与研究[M]. 上海:华东师范大学出版社.
王栋. 2011. 教师行动学习的内涵、特征及其意义[J]. 当代教师教育(12).
王蔷. 2002. 英语教师行动研究[M]. 北京:外语教学与研究出版社.
吴宗杰. 1995. 行动研究:外语师范教育新途径[J]. 外语教学与研究 (2).
熊川武. 1999. 反思性教学[M]. 上海:华东师范大学出版社.
熊川武. 2007. 论反思性教育实践[J]. 教师教育研究(3).
王春光. 2005. 反思性教师个人实践理论研究[J]. 东北师大学报(哲学社会科学版)(1).
王小锦. 2003. 论教师隐性教育观念的更新[J]. 教育研究(8).
王雁玲. 2005. 教学反思日志的撰写[J]. 现代中小学教育(11).
鱼霞. 2007. 反思型教师成长机制探新[M]. 北京:教育科学出版社.
张海燕. 2009. 谈英语教师行动研究的学习发展观[J]. 教育探索(9).
张正东. 2001. 外语教育的研究方法[M]. 北京:人民教育出版社.

赵昌木.2005.教师在行动研究中发展[J].山东师范大学学报,2005.

周宏弟.2003.论教师的行动研究与专业发展[J].高等教育研究(3).

周成海,孙启林.2009.教师专业人员发展范式转移的基本范式[J].中国教育学刊(6).

朱旭东.2011.教师专业发展理论研究[M].北京:北京师范大学出版集团.

第 5 章

商务英语学科教师群体合作发展机制

5.1 商务英语教师群体合作发展理论基础

20 世纪 70 年代以来，现代社会心理学、教育社会学、认知心理学、现代教育、现代管理等学科的蓬勃发展，为教师合作提供了丰富养料，也为商务英语教师专业群体合作发展奠定了理论支撑和实践基础。合作理论倡导教学与学习中以团体为基本组织形式，以团体成绩为评价标准，系统利用教学动态因素之间的互动来促进学习，共同完成教学与学习目标的活动。合作理论建立在多种社会学与心理学理论基础之上，主要理论有互赖理论、建构主义认知发展论、群体动力理论。

5.1.1 社会互赖理论(Social Interdependence Theory)

社会互赖理论起始于 20 世 40 年代格式塔学派理论。格式塔心理学认为，整体大于局部之和，事物的性质由整体决定。所谓整体并非等于所有构成它的各部分要素之和，而是经由知觉组织从原有构成成分中“凸现”出来的全新整体(张慧玉,2005)。在格式塔心理学原理基础上，美国心理学家考夫卡(K. Kafka)提出了群体是成员之间的互赖性可以变化为动力整体的观点。考夫卡同事勒温(K. Lewin)进一步阐述和诠释考夫卡的思想,认为社会互赖一是指群体的本质首先是导致群体成为一个“动力整体”的成员之间的互赖(这种互赖通常由共同目标而创设),在这个动力整体中,任何成员状态的变化都会引起其他成员状态的变化。其二,成员之间紧张的内在状态能激励群体达成共同的预期目的(D. W. Johnson & R. T. Johnson,1993)。

后来,美国心理学家道奇进一步发展社会互赖理论,将其分为积极的和消极的社会互赖。道奇认为社会互赖一个是指在特定情境中人们达成目标的互赖类型,他用积极的和消极的互赖作为这一连续体的两端。另一个是人们行动的类型,有效的行动是指个体目标的达成促进其他个体目标的达成,无效的行动是指个体目标的达成阻碍了其他个体目标的达成。这两个连续体对个体间的互动格局产生了重要影响。

20 世纪 70 年代,随着教育社会心理学的兴起,道奇的研究生约翰逊兄弟致力于学生在学习中的竞争与合作研究,并发展了道奇的两种社会互赖类型。他们认为除了积极的和消极的社会互赖之外,还存在着一种无互赖。在没有互赖存在的情境下,会出现无互动现象,即个体之间彼此独立作业。在该学习情境下,学生在学习中不存在相互作用。在三种社会互赖的基础上,约翰逊兄弟发展、完善,并构建了系统的社会互赖理论体系(D. W. Johnson & R. T. Johnson,1993)。

社会互赖理论研究个体间在合作性和竞争性情境中相互影响时的行动效率、内在心理过程、互动方式及结果,认为社会互赖的结构方式决定着个体的互动方式,同时也依次决定着个体毒动活动的结构内函。积极互赖(合作)产生积极互动,个体之间相互鼓励取得成绩和促进彼此的学习努力。消极互赖(竞争)产生反向互动,个体之间相互妨碍彼此取得成绩的努力。在没有互赖存在的情况下,会出现无互赖现象,即个体间没有相互影响,彼此独立作业。社会互赖理论主张人的行为与其行为的环境紧密相关的关系,群体的一致行为直接影响个人行为,这就是典型的社会互赖。人类必须依赖社会群体力量,获得集体动力,才能取得其行为的成功。反之,单靠个人的努力,没有互赖支持,个人主义和以竞争为背景的组员关系容易产生反向影响,个人很难获得愿望的实现,无互赖存在的个体行为不利于个体实现自己目标,同时也不利于群体发展和组织发展。

社会互赖理论核心主旨就是群体共同目标、全体合作行为、个人与群体的协调共同发展,对教育领域,包括教育教学、学生学习都产生重要影响,对教师专业发展具有深远的意义。传统的课程教学中,教师进行个体式发展,具有"专业个人主义特征",具有许多不合理性。教师孤军奋战、闭门造车,缺乏同事之间的分享专业观念的途径,缺乏教师之间合作与沟通,造成教育资源的浪费和教学质量提升缓慢。同时,对个体教师而言,缺乏群体和组织的支持,其工作效能感、工作成就感、专业情感、专业信念就会减低,教师甚至丧失专业发展的动力、意识和能力。而群体互赖的合作式的专业发展方式,导致教师群体成为一个"动力整体"的成员之间的互赖,在这个动力整体中,成员之间紧张的内在状态能激励群体达成共同的预期目的。"群体动力"是来自集体内部的一种"能源",具有不同智慧水平、知识结构、思维方式、认知风格的成员可以互补,在合作性的交往中,教师个体可以互相启发,互相补充,互相实现思维、智慧上的碰撞,从而产生新的思想。群体互赖的教师合作发展模式将教师置身于一个适于其专业成长的工作环境,优化教师专业发展的探索过程,从而促进其实现专业发展目标。再者,教师群体合作发展有利于营造积极的、互赖的教师人际关系,有利于教师自尊自重情感的产生,从而帮助教师克服职业倦怠、保持和提升其专业信念和专业情感。因此,从群体互赖和群体动力角度来看,合作学习就是当所有的人聚集在一起为了一个共同的目标而工作时,依靠相互团结相互依靠为个人提供了动力,使他们互勉互助互爱互帮,以共同完成学习目标。

5.1.2　建构主义认知发展理论(Cognitive Development Theory)

建构主义(constructivism),也称结构主义,是认知心理学派中的一个分支。最早提出建构主义观点的可追溯至瑞士心理学家皮亚杰(Piaget)。他从认识的发生和发展角度对儿童心理进行分析,提出认知是一种以主体已有的知识和经验为基础的主动建构观点。他指出个体与环境的相互作用涉及两个基本过程:“同化”与“顺应”。同化是指个体把外界刺激所提供的信息纳入到自己原有认知结构(“图式”)中的过程。顺应是指当外部环境发生变化,而原有认知结构无法同化新环境提供的信息,引起的儿童认知结构发生重组与改造来适应新的外界环境的过程。认知个体就是通过“同化”与“顺应”不断地协调过程中丰富发展和上升提高的(何克抗,1998)。

在皮亚杰的儿童认知发展理论的基础上,许多学者从不同角度对建构主义进行阐发。维果斯基(Vogotsgy)强调认知过程中学习者社会文化历史背景的作用,提出了“就近发展区”的概念;乔纳森(D. H. Jonassen)等提出非结构性的经验背景;布鲁纳(J. S. Bruner)则将经验主义科学观应用于学生的教育之中,提出了发现学习理论和发现法,这些研究丰富、发展了皮亚杰的认知发展理论,构成了建构主义的认知发展论基本框架。

建构主义的认知发展论认为知识来源于人与环境的交互作用,主张学习者不是被动的接受,而是通过本人对知识单元的经验解释,将知识变成自己的内部表达,这一过程包括对新信息的意义建构和对原有经验的改造和重组。当学习者真正用开放的知识链建构了知识,理解了新的信息,他们才能形成最可靠的知识结构,获得专业的不断提升与发展。建构主义认为学习具有强烈的目的性。学习不是被动地接受和储存外界输入的信息,而是学习者具有目标定向,学习者清晰地意识到自己的工作目标,形成自己的学习成果预期。在目标指引下,就会具有强烈的内在驱动力,这种内驱力表现为学习者渴望、理解和掌握知识以及陈述和解决问题的倾向。学习者只有进行具有内在驱动力的目的性学习,才能真正调动自己的主动性、积极性,提升其专业情意。建构主义认为学习是一种社会性活动。人的学习活动离不开社会相互作用,重视合作、协商、互动是建构主义学习的重要特征。学习者共享和交流对知识的理解和对现实经验的解释,互相交流与启发,是获得专业提升的有效途径(高文,1999)。建构主义认为当个体在环境中进行合作时,产生了社会认知上的冲突,进而导致不平衡现象,此现象反过来又激发个体认知上的发展。

建构主义的认知发展论是商务英语教师专业合作发展的重要心理学基础,它揭示个体学习的社会性本质,强调学习首先是发生在主体之间的社会性活动,其后才为主体内部的思维活动。建构主义指导下的教师专业发展,学习本身就是人与人之间的合作活动,是知识的社会协商,交流、合作、互动、对话、合作等是教师学习的重要手段与途径。

5.2　商务英语教师群体合作发展概念与特征

5.2.1　商务英语教师群体合作发展概念

社会互赖理论强调群体互动在学习中的作用,建构认知发展论主张知识是在学习者的合作、交流、对话构建中获得的。基于社会互赖理论和建构主义的认知发展论,我们提出商务英语教师群体合作发展机制。所谓商务英语教师群体合作是指为提高提高商务英语教师学术水平,将教师组织在一起,依靠集体智慧,共同研讨,平等协商,完成商务英语教师个体比较困难达到的发展目标。群体合作机制是商务英语教师专业提升和发展的重要途径之一。

商务英语学科是在全球化时代到来,国家对国际商务人才需求日益增加并且成多元化趋势的背景下而建立起来的新型的应用性学科,其学科具有英语与国际商务诸多知识与能力相交叉和融合的特征,其内容包括英语语言、国际营销、国际金融、国际会计、国际税收、国际物流、国际审计、知识产权、电子商务、贸易法律、对外投资等各领域,其培养目标是能够在国际商务领域活动中具有行为能力的专业人才。商务英语学科的交叉性、复合性、应用性对商务英语学科教师的基本能力、基本素质都提出了不同于普英语语言教师的要求,需要商务英语教师职业期间不断学习、实现专业发展。群体合作发展机制为商务英语教师专业发展、提升和进步提供了有效途径。

1) *群体合作发展是教师专业发展本质的需求*

人是社会性动物,有与人交流合作的动机和需要。从教师的专业发展本质来看,教师发展其专业知识与能力并不完全依靠自己，更不是孤立地形成与改进其教学的策略与风格。教师的知识、能力、教学风格等的形成与改进，更大程度上依赖教师合作。商务英语教师尤其如此，来自于不同背景的教师具有不同的优势和弱势，教师应通过增强团队意识，相互学习，相互提高，优势互补，实现师生间、教师间、教师与社会等的广泛合作，形成和谐共生的良好局面。其二，群体合作中，同行之间可以提供及时的、专业性的评价和反馈，这将有助于商务英语教师获得更多的专业领域的支持，将自身教学、研究的反思推向更深、更广、更宽的角度，从而完善自己的知识结构，提升自己解决问题的能力，实现自身专业发展。“当一个学校内教师时常谈论自己的教学，观察彼此的教学，一起设计和准备教材，以及教师互相辅导时，这种学校中学生一般会具有较高的学业成绩，同时大多数教师也显现出较好的专业成长特性”（Little，1990）。因此，商务英语教师通过合作专业发展寻求同事间的合作与互动，经常从他人那里获取有价值的信息来提升自己的专业内涵，这是新时期商务英语教师专业发展的重要理念和途径。商务英语教师应开放自己，加强教师之间以及在课程实施等教学活动上的专业对话、沟通、协调和合作，共同分享经验，通过互动互相学习，彼此支持，减少由于孤立而导致的自发行为，打破教师群体间的文化隔离、克服教师个人智慧生长极限，形成以合作、探究为核心的教师合作，这是商务英语教师发展的必由之路。

2）群体合作提高商务英语教师反思能力

富兰（Fullan）认为，合作对于个人的学习非常重要。如果我们不与人交往，我们能学到的东西是有局限的。合作的能力不论在小范围还是大范围内，在后现代社会正在成为十分需要的能力之一。只要思想开放，个人的力量与有效的合作相结合将变得更为巨大(富兰,2001)。众所周知,反思是教师专业发展的必然要求与根本前提,没有反思就不可能有教师的专业发展,也不可能有深入持久的教育变革。而反思的能力不仅仅由教师个体自发独立完成,而且是建立在教师合作的基础之上。商务英语教师在群体合作中,教师可以获得同伴的专业支持,从而提高商务英语教师个体反思能力。其主要表现在同事可以扮演形成性评价者的角色,使教师能够得到多方面的及时的形成性回馈与协助,以便能够不断地提升商务英语专业素质和专业水平。通过同行之间听课、观摩、讨论、交流等合作形式,商务英语教师可以获得情感上的支持与专业上的帮助,同时,在反思自己的教学观念与教学实践的时候,可供参考的范围会扩大,标准会多元化,反思过程会动态化,反思的深度也会越来越触及事物的本质,从而从根本上促进商务英语教师个体的反思走向深化。

3)群体合作促进商务英语教学理念建立

商务英语教师群体合作发展有利于拓展专业知识,提高专业技能,提升专业自我,更新教育观念。群体合作作为一种共同生活,能够"扩大并启迪经验;刺激并丰富想象;对言论和思想的正确性和生动性担负责任。""一个人的某些能力,除了在和别人联合的刺激下以外是无法产生的"(杜威,2000)。商务英语学科教学发展尚未成熟,其教学理念有待进一步确立。目前,许多商务英语界专家教师正在探讨和研究这个课题,而无疑,群体发展为其提供了良好的平台和工具。"由教师同事间的提携而形成的教师合作体制,对学校组织文化的变革和学校组织学习,都是重要的基础"(饶从满、张贵新,2007)。在教师同伴间相互提携过程中,商务英语教师可以获得在求学期间所学的专业知识中不可能产生的学习成果。换言之,商务英语教师合作体制使超越教师个体范畴的、作为集体的学习成为可能。商务英语教师合作通过拓宽教师思维,引领教师思维向着纵深方向发展,通过发挥商务英语教师合力来共同推动商务英语学科教学理念的探索和建立。

4) 群体合作发展提升商务英语教师专业发展的情意

专业情感是教师专业发展的关键,只有教师热爱自己的职业,对教学抱有极大的热情,才能积极地投入到教学和研究工作中去。而在专业情感中职业倦怠是影响专业情感的重要因素。群体合作可以通过避免教师焦虑感而提升教师的专业情感,从而推动教师专业情意的发展。

商务英语是新兴的学科,教学、教研等许多方面都处于发展的初始和探索阶段,没有形成成熟的教学理念、教学模式和教学方法,因此,商务英语教师常会在教学过程中由于不自信而产生焦虑感,而"过度的焦虑如果不能得到适当的控制,就会导致职业倦怠,从而可能产生妨碍作用,妨碍、中断、削弱教师智力活动的进行"(富兰,2001)。在面临这种焦虑危机的时候,商务英语教师需要各种支持,而群体合作则是控制和克服这种危机的重要途径。教师群体合作能够控制焦虑,在一个相互支持与关心的合作文化背景下,个体觉得可以表达他们消极和积极的情感,坦陈失败与弱点,发泄怨恨和失望之气,表露喜爱之情(Jazabkowski,2002)。因此,同伴关系可以强化商务英语教师的道德视野和价值观,从而能够减少职业倦怠。同时,群体合作可以激发教师的竞争意识。通过合作,商务英语教师发现同伴的优势,使得商务英语教师认识到学习和发展的必要性,产生学习的意愿,激发自己不断进取,赶超同伴,获得专业发展。

从总体上来看,商务英语群体教师合作不仅是思想、看法、观念的沟通过程,而且是情绪、情感的交流过程。除了认知因素,商务英语教师在专业发展中的非认知因素也十分重要，商务英语教师群体合作有助于创造和谐的教师发展环境，有益于教师的心理健康。在合作中，教师在探索商务英语教学过程不确定的情况时，不再采取防卫性态度，而可以采取相互援助，共同面对和接受存在的问题，相互进行讨论。在坚持追求统一目标的前提下，允许保留具体细节的个性化。同时，商务英语教师群体合作从群体成员那里获得工具性和情感支持，帮助教师超越个人反思的局限，增强了专业自信，勇于教学探索和实践。

5）群体合作推广商务英语教育教学成果

商务英语学处于发展的初始阶段，需要及时、不断地推广本领域的教育教学的研究成果，而群体合作是传播和推广成果的行之有效方法。目前商务英语教师个体都在自己的教学实践和教学研究中积极探索、研究商务英语教育教学方方面面问题，取得很多优良的成果，但是如何使这些成果线性化，如何让其他教师分享这些教育成果，对推动商务英语教学发展，提高商务英语教师专业发展至关重要。理解合作文化的本质和它所具有的作用，就是承认它在吸收全体成员的隐性知识，进而使他们变成显性知识方面具有功能，同时它也能够积极寻求和吸收组织外部新的思想和知识（富兰，2001）。商务英语教师群体合作有助于商务英语教师的个人知识、实践知识的总结和推广。通过积极互动与经验交流，商务英语教师对经验条理化、明晰化、结构化和概括化，从而促进教师知识的获取、创造和传播。其次，教师合作有助于学校组织文化的形成，促进教师合作精神和合作意识的提高，教师合作体制使超越教师个体范畴的、作为集体的学习成为可能。通过群体合作，商务英语教师形成共有的行动和思维方式，为商务英语教育教学活动确定方向，提供解决问题、决策判断的框架。

同时,学习成果作为新的学校组织文化积累起来,对这些成果的学习可以带来教师的发展。商务英语教师群体合作有利于教师集体凝聚力和一体感的形成,对学校商务英语学科教学管理的认同,并在加深对其学校环境和学校组织的认知和认同的过程中,开展明确目的、改变行为方式的新的学习。

5.2.2 商务英语教师群体合作发展特征

商务英语教师为解决教育教学问题,促进专业发展,要进行群体合作。

商务英语学科属性决定了其群体合作的特征。

1) 商务英语教师群体合作是一种共同目标导向的活动

共同目标是教师积极参与合作学习的前提,同时,每位教师也应该有明确目标,只有当共同目标与个体目标一致,并且合作学习中其他教师的目标实现时,个体的目标才能够实现。目的是合作的前提,只有目的明确,合作才有方向和动力。因此,群体合作中所有的合作学习活动都是围绕达成特定的共同目标而展开的,教师合作的目的是基于自身专业发展的需要,学习者之间的合作的需要,这是商务英语教师群体合作的基础,是保证群体持续合作的力量源泉。商务英语教师在教育教学中关注教学、学科、学生等问题,教师以此为导向,主动做出反应,开展群体合作活动。而商务英语教师合作共同点目标是教师根据个人背景情况、学校学科发展需求在不同教师个体目标间的、个体目标与共同目标的冲突、协商、调整中逐步达成的。目标的产生是商务英语教师交流、对话、研讨、互助、互学、协作的过程,也是教师团体利益与个体利益协调而产生的。共同目标将商务英语教师结为一体,互相依赖,互相依存,共同完成群体发展目标。

2）商务英语教师群体合作是一种创新实践活动

“人的实践行为最根本的是一种理解行为”，理解是参与理解各方的视域融合的过程。这种融合不是同一或均化，也不是理解各方视域的简单相加，而是通过包括差异和交互作用，形成一种新的见解。从这个意义上来讲，理解就意味着创新。因此，可以说，商务英语教师的群体合作活动就是教师的一种创新实践行为。同时，商务英语教师合作也是合作各方相互理解的过程，新的视域预示着一种新的理解，每一种新视域的形成，都表明理解的突破和创新。商务英语教师合作活动中，通过交流、沟通、讨论，不断发生思想的交锋与碰撞，闪现出新的智慧的灵感，对问题形成新的看法、观点和解决方案。商务英语合作活动是共同创造的过程，不同背景、各有所长的教师互相配合产生出共同的认识，产生他们靠个人不可能有过和形成的认识飞跃。

3）商务英语教师群体合作是各方平等的合作活动

合作各方的平等是维持持续合作的基础和条件。商务英语合作主体与主体之间是互为主体的平等关系，而不是有主有客的尊卑关系。平等意味着教师合作各方的彼此承认，承认各自的地位与权力和义务，承认合作各方享有机会平等，各方共同遵守合作规则，遵守共同认可的合作规范。正如霍尔得（Hord）所说，“合作关系的理念旨在所有参与者之间没有等级之分，决定的作出是民主的”，“平等是共享的价值观念，合作关系被描述为“一起工作而不是说服工作”。商务英语教师群体发展中，教师相互尊重，不因学科、学历、年龄、性别与职务的差异而带来等级差别，不会出现一方主导另一方。群体合作中的商务英语教师在资源利用、决策行使、责任担当等方面拥有平等的权利和义务。但这并不妨碍商务英语资历潜的教师向德高望重的专家型教师学习。事实上，在商务英语教师群体合作发展中，学识、经验和能力丰富的教师经常在合作中起到引领和指引的作用。但无论群体合作各方有多大差别，成员都有各自主体特征的人格尊严和地位。

4）商务英语群体发展是互依、互促、互动的活动

商务英语教师群体合作活动也体现了教师间人际关系、合作学习过程中各要素间的积极互依。群体合作中，教师打破原有较多的孤独、封闭的工作与学习方式，以相互信任、坦诚以待、彼此接纳的人际互依关系为基础，进行主动、真诚交流，将差异作为一种学习资源，相互欣赏，互相学习，开展真正的教师合作学习。同时，商务英语群体合作中，各要素的积极互依也是必不可少的，主要体现在目标、任务、角色、资源、技能、评价、效果等方面的积极互依。目标、任务、角色互相依，体现了在目标制定、角色承担、任务分工中教师个体之间、教师个体与团体之间的互相依赖；资源、技能、评价与效果中的互依，则体现了教师合作学习中各方面资源共享与各个环节间的互相依赖依。只有教师根据自己和群体的需求共同制定目标，平等参与角色分配和责任分工，主动互助，实现在目标、角色、任务、内容、过程和效果上的积极互依，才能真正保证和协调主体关系和合作学习过程的顺利进行。

商务英语群体合作体现了人际交往互动和效果的互相促进。教师主体通过语言、动作、表情等符号进行对话、沟通、协商、碰撞，相互作用，相互影响，相互支持，碰撞出新观点，激发出新思路，形成个体难以独自形成的更高层次的创新观点、思路与行动方案。这是一个主体间不断相互影响作用的过程，也是主体间相互促进共同提高的过程，最终促进个体和团体共同发展。商务英语教师群体合作互促、激发并维持个体和团体合作学习的动力，每个合作主体都能够从互动中有收获有提高，保证群体合作活动

的个体愿意持续开展合作活动，确保合作活动持续和逐步深入地发生作用。不同背景、经验、教龄、特长的教师主体为合作学习提供了丰富的便利资源，共同的话题、共同的问题、共同的目标把他们更紧密地联系在一起，创新的观点、适宜的问题解决方案，或者是继续深入的探究、辩论、澄清观点，既有助于教师清晰自己原有观点、解决当前困惑、找到思考问题的多种思路和方法，又以更适宜、更有效的思路和方法实现了预期目标，在教师互动基础上取得了各主体间互相促进的效果。

5）商务英语教师群体发展是教师个体共有责任的活动

商务英语教师个体责任是确保教师主体实现团体目标与个体目标的重要保障。群体合作的目标实现包括团体目标与个体目标，而不只是个体目标。因而，合作学习中的个体既需要承担实现团体目标中的个体责任，也需要承担实现个体目标中的个体责任。教师在团体目标的实现中承担个体责任并以协作互助研讨等方式完成个体任务，体现了个体责任在教师合作学习中的核心价值。再者，教师需要为保障他人高质量完成工作任务承担个体责任，比如相互积极主动的交流、咨询、鼓励、监督都会有助于共同目标的达成，既有助于保障团体任务优质高效的完成，又有助于教师个性人格的完善。也可以说，个体责任既为团体目标任务的优质完成、团体目标的高效实现提供了保障，同时也为教师个体发展提供了展示并提高自我能力的条件和前提。

5.3 商务英语教师群体合作发展模式

根据商务英语学科特征和发展情况，基于教师合作发展理论，商务英语教师群体合作有多种可行方式和角度，下面从课堂教学层面,教学研究和教学活动层面等方面论述其发展方式。

5.3.1 以课堂教学为引导的群体合作发展

课堂教学是商务英语学科和专业教育的基本形式,它是传授本学科知识和培养学生商务英语能力的主要场所。设计完善的课堂教学组织形式是商务英语教师必备的能力,也是目前商务英语学科面临的重要课题。

课堂教学形式是有组织、有计划、有目的的教学活动。所谓教学组织形式是指为了达到一定的教学目的,围绕着一定的教学内容,把学生组织起来,有效地利用教学的空间、时间,以及其他相关条件所采用的教学方式与程序。商务英语课程教学任务是通过商务英语课程教学过程来完成的,其教学过程必须遵循一定的教学规律和教学原则,依据一定的教学内容,采取适当的教学方法来进行。而教学规律和教学原则只有通过一定的教学组织形式才能体现出来,同时教学方法也只有通过一定的教学组织形式才能运用。作为一门新兴的、建立时间不长的学科,其学科教师教学选择和教学决策能力都有待提高。因此,教学组织形式设计能力的发展与培养对商务英语学科教学十分重要。通过群体合作,商务英语教师可以通过以下形式发展其课堂教学设计能力。

1）合作备课

“功在课前,效在课堂”,备课是课堂教学的准备和前提。进行教学设计是备好一堂课的关键。教学设计是现代教师最重要的业务能力之一,教学设计是为了达到预期的教学目标,动用系统的观点和方法,遵循教学过程的基本规律,对教学活动进行系统规划的过程。合作备课也可称为集体备课,商务英语合作备课是由课程组、备课组组织的教学准备活动,对商务英语课程教育理论、教材教法、学生学法等方面进行全方位的教学设计。商务英语学科以培养学生的商务英语沟通和应用能力为目标,因此,应通过集体备课,构建开放的教学形式,研究以师生交流为中心、学生个性化自主学习为基础的交际法教学过程。

具体来说,为完成商务英语教学目标,商务英语合作备课要按照教学环节,充分考虑商务英语学生的认知能力、心理特点,以激发他们主动学习的积极性,设计学生需要进行的自学、讨论、反思、探究、实践、总结等活动,研讨教师在学生活动时组织、启发、引导、辅助、激励学生的方法或手段。

合作小组教师就某一类商务英语课程提前充分准备,在互相尊重和理解的基础上,成员教师各抒己见,分别阐述对该类课程的理解,设计和使用的教学方法与手段,对预设的问题处理方式等。在此基础上,共同商讨,综合比较,最后形成凝聚团体智慧的相对完善的教学设计方案。同时,商务英语教师还可对教学过程的细节展开交流与讨论,其内容可涉及课程的切入点、链接点、延伸点等方面内容。这种方式对资历较浅的教师可起到指导和引领的作用,使他们快速从模仿到创新, 走向成熟教师之路。再者,鉴于商务英语的交叉性特征,教师的背景与学科优势不尽相同,有的教师的经济学科背景强,有的教师语言教学背景深厚,有的教师商务实践能力较强。因此,不同素质、不同学科背景的教师之间的跨学科的备课,教师互相请教,切磋教学技艺,碰撞创新思维,优势互补,弥补教师个人知识和能力的不足,增强教师合作意识,从而达到提升教师的商务英语教学的业务能力和教育教学水平。

2）合作听课

合作听课与评课也称观摩教学,它是由课程组或检验组组织的相互借鉴、合作探索的一种教学活动。首先，合作听课与评课对商务英语教师来说具有补偏救弊、互相启发、开阔视野的功能。首先，合作听课具有补缺补漏的功能。目前商务英语教师的背景现状显示，无论哪种来源的商务英语教师都有其知识或能力方面的不足之处，通过合作听课，教师发现自己存在的问题，并找到解决问题的方法。其次，合作听课对商务英语教师具有借鉴和研究的功能。当今，现代语言学、现代教育学、现代管理学发展迅猛，为交叉型、应用型的商务英语学科教学提供了理论基础，如何将这些先进的理论应用于商务英语教学中，探索在这些理论指导下的具体教学策略是商务英语教师亟待解决的任务。通过相互合作听课，互相启发，头脑风暴，能够促进教师理论与实践相结合，在互相的切磋中实现思维和教学的升华。再者，合作听课具有示范和引导功能。商务英语教师，特别是资历较浅的新进教师，根据自己的课程特点，观摩、听评经验丰富的骨干教师的课程，对增加自身的商务英语教学感性认识，提高教学质量具有不可忽视的重要意义。此外，合作听课是商务英语教师沟通交流的平台。通过合作听课，商务英语教师交流信息、知识、经验、思想和感情，获得工作上的满足感和成就感，消除个人奋斗的孤独感，从而提升专业情意和专业信念。同时，合作听课研讨环节还能提升教师团队合作意识和凝聚力。我们知道，商务英语学科需要培养具有国际化视野，用英语进行国际商务沟通与交流能力，所以要教会学生沟通交流能力，教师首先要具有良好的沟通、交流和合作能力，教师沟通能力的发展是商务英语学科教师专业发展的重要内容。

商务英语教师合作听课包括听课、评议、反思等内容。首先是观摩环节，课程组选择被听教师，组织某一类型教师，观摩听课。此环节被观摩者与观摩者应基于平等合作原则，教师认真听课,记录课堂教学过程和细节。在观摩结束后,组织教师评课。此环节应遵循共同协商原则。教师,包括被观摩教师,根据商务英语学科属性,以商务英语人才培养目标为指导,针对观摩听课的教学思路、教学设计、教学语言、教学内容、教学手段等方面进行分析与评价。接下来是反思环节,反思环节尤为重要,教师根据上一个环节的热烈讨论和激烈交锋,反思自己教学中的问题,有些听课教师已带着问题来观摩商务英语课程,形成解决的方案,用于未来的教学中。

“观课”是“教师行动”里的概念,它与传统听课的主要区别是:观课者带着明确的目的,凭借自我感官及“观课”工具,直接从课堂情境中收集资料并加以分析研究。商务英语教师互相“观课”有利于促进其专业素质与能力的提高。在同事互助观课中,授课教师主动尝试具有挑战性的教学活动,认真反思、请教、切磋。而观课者则具有较强的针对性,以学习、研究和指导者的多重身份出现,关注课堂教学与课堂行为的有效性。观课后,“观课者”与“授课者”共同分析和讨论教学活动中的长处与不足,共同受益。另外,“观课者”通过听别人的课,还可增加对自己的了解,通过观察别人来探究自我教学实践,“观课者”可以多视角地观察到他人的优势,客观看待自己的授课,从而找出问题,进行反思与修正,将别人的有效教育措施变为自己的教学方式。互助“观课”可以比较全面地满足商务英语教师对改进教学方法、提高课堂教学质量的要求,有效促进商务英语教学策略和教学范式的形成。

就类型来说,商务英语合作听课分为骨干教师展示课、不同学科背景协助课、课程组听评课等类型。骨干教师展示课以引导、示范和提升青年教师为主要功能。不同学科背景的协助课,以商务英语教师互相协助、弥补知识与能力不足为目的。课程组听评课则以互助反思、开阔商务英语教学视野为主，以提高商务英语教学理念、认识为目标。

商务英语教师合作听课应聚焦商务英语课程教学的典型问题或某一类问题，探讨、沟通教学的成功与不足之处，开拓听课者和被听课者的视野，拓展思维，强化反思，通过对照和比较，把握商务英语教学理念和本质，提升整体教育教学能力，促进教师专业发展。

3）合作授课

除了合作备课和合作听课外，教师多人合作，共同教授课程，也是一种新的授课模式，能够使教师发挥特长，优势互补，提升教学能力与水平。商务英语教师合作授课对促进其专业发展具有不可替代的作用。

商务英语教师多人合作上课，首先可以弥补其学科教师知识能力的不足，发挥教师群体的力量。如前所述，商务英语作为交叉性学科，其内容涉及和覆盖到与国际商务相关的各种不同学科，每一位教师会有其更加专长或更为熟悉的领域和内容，让教师各自发挥其特长，对商务英语学生的培养大有益处。商务英语课程组从确定专题题目，到搜集资料信息，再到编排整理内容、分析总结规律和上课，需要教师们通力合作，这给教师们互相学习、弥补差距提供了平台。同时，商务英语专业高年级类的教学课程，以传授国际知识和培养国际能力为主要目标，以培养学生英语语言能力辅，如商学导论、西方经济学、跨国公司与企业文化等。采用合作授课方式可以解决师资问题，并促进教师的共同发展。第二，商务英语作为新兴学科，与时代、经济、社会发展紧密相关，许多与社会相关的内容会不断纳入其教学中。这些崭新的教学内容对商务英语教师是巨大的压力和挑战。而教师合作授课,共同迎接挑战,应对压力,每个人集中精力专攻某一个问题,并分享教学成果,无疑能够起到事半功倍、多赢共存的作用。第三,商务英语教师合作授课,是相互学习的良好机会。商务英语合作备课和学科渗透的教学过程,打破了封闭的学科教学模式,构建了开放的学科渗透模式,适应了商务英语高年级课程的综合化要求。

就流程来说,商务英语教师的合作授课包括确定课程——建立课程组——研讨授课方案——接力授课——反思总结四个环节。首先应确定课程,并根据教师情况选定合作授课教师。商务英语合作授课一般由两至五名教师组成一个课程组,围绕一门课,或者一个专题,一个中心的专题授课。第二个环节是教师就所选课程展开教学目标、教学大纲、授课计划、课程设计和教学策略等相关的研讨,对该门课教学形成统一认识,并确立教学基本模式。第三个环节中,教师每人负责该门课的一到两个话题,接力上课。最后一个环节中,教师进行期末课程总结,分析、总结、反思教学过程中遇到的状况、出现的问题,并研讨解决问题的方案。

就类型而言,商务英语教师合作授课分为学科内教师合作授课和跨学科合作授课。商务英语学科内合作是指同一学科的同一年级或不同年级的教师之间的教学合作,商务英语教师背景等情况不尽相同,在知识结构、智慧水平、思维方式、认知风格等方面都存在着很大差异。在同一学科讲授同一课题的教师在教学内容处理、教学方法选择、教学整体设计等方面的差异也是明显的。这种差异恰恰是一种宝贵的教学资源。通过教师之间就所教内容的互动,教师可以相互启发,相互补充,思维碰撞,从而产生新的思想,使现有的观念更加完善和科学,产生教学增值的效果,达到教师之间共同学习、共同提升的效果。

学科间合作则是指“跨学科合作”。现代教育理论跨越传统的封闭式的“隔行如隔山”的观念,尤其是商务英语学科,以跨学科为基础,教学更要跨越学科隔膜,与相关学科对话。通过不同学科教师之间的合作授课,进一步整合其他学科中的相关知识,利用、借鉴其他学科相关知识和教学方法,实现课程内容的有机整合,教育观念、方式方法的融合贯通,促进学生综合素质和能力的提高。例如,商务英语教师与经济学科和管理学科教师共同授课,拓展思维,获得共赢发展。再如,商务英语教师合作上多媒体课,与多人多部门进行合作课件的制作,上课时一般也需要他人协助,交流信息,共同操作,可迅速提高教师掌握现代教育技术手段的能力。

5.3.2 以教育研究为引导的群体合作发展

教育科学研究是以教育现象为研究对象的一种特殊的认识活动,是有目的、有计划、有系统地采用科学方法进行的探索教育过程、发现教育规律的创造性活动。教育科学研究是探索教育教学规律,促进教学发展,提高教育教学质量的第一动力。教育科学研究与教育现象相关的对象、特征、关系和过程,经过梳理、陈述、归纳、提升,提出具有规定性的假设,通过实验验证所产生的新的思维理念,构建新的教育理论体系,并预测教育现象的发展态势。源于西方发达国家的“教师即研究者”(teacher as a researcher)正成为世界潮流,在我国也成为教育发展的新趋势。

教育科学研究对商务英语学科来说具有顺应时代发展需要、提高教师教学质量和教师素质的重要意义。

首先,从宏观上来说,商务英语学科是世界经济、社会发展的产物，在这个知识更新迅速，科学技术发展迅猛的时代，商务英语教师要跟上时代发展步伐，培养出适应社会发展和满足国际商务领域需求的人才，就必须不断学习，不断研究，搞好教育科学研究，这样才能实现教育创新，才能全面深入地推动商务英语教育教学持续发展。

第二，教育教学科研是提升商务英语学科教学质量的需要。商务英语学科的属性要求商务英语教学不仅具有英语语言教学特点，而且还具有专门用途英语的特点，其培养目标是以国际商务活动为交际目的，与职业行为直接挂钩，这是商务英语学科的自身特征。对于这种复杂的学科，显然传统的英语语言教学规律不能完全适用，需要商务英语教师在具体教学中，进行教育科学研究，探索、发现商务英语教育教学规律，建立专门针对商务英语学科自身特征的学科教学的指导思想和行动指南，这是商务英语教师义不容辞的职责和使命。

第三，教育科学研究是提升商务英语教师素质的途径。社会的发展对商务英语人才的要求越来越高，高素质的人才培养需要高素质的教育教学，而高素质的商务英语教育需要高素质的商务英语教师。因此，商务英语教师任重道远，从教学科研做起，研究商务英语教育教学，从而提高自身的素质与能力。教育科学研究应是商务英语教师终身、持续的工作。

商务英语教育科学研究并非易事，而群体合作的教育科学研究为商务英语教师提供了研究入门的台阶和基础。商务英语教师充分利用群体合作发展平台，可以较快地进入教育科学研究领域，为将来更为深入的商务英语科学研究打下基础。根据商务英语教育教学特点，商务英语教育科学研究有群体合作课题研究、群体课程开发及合作教材开发三种模式。

1）教育科学课题合作研究

商务英语教师群体合作发展模式可以通过教师共同进行课题和项目的研究。申请各级科研、教研项目，项目申报是一个非常好的学习过程和自我发展过程，通过申报、完成研究项目，教师可以更好地把自己的实践理论化，理论实践化（Tsui，2003）。

课题研究是提高商务英语教师理论水平和实践能力的重要途径之一。商务英语是新生的学科，其教学有许多实际问题与难点需进一步研究和探索。例如，商务英语学科教学中英语与商务知识交叉融合比例问题，商务英语教学模式问题，商务英语听、说、读、写、译分项能力培养问题，国际商务跨文化能力培养的教学手段，商务英语教学中的网络利用，商务英语沟通能力实践培养模式，等等。商务英语教师以这些商务英语教学实际问题为研究中心，以研究课题为抓手，组成教育科学研究小组，就这些根植于教师具体教育实践体验中的课题，展开合作研究与合作探索，能够有提高商务英语学科教学的能力，促进商务英语教师专业发展。

商务英语教育科学研究小组也可称为商务英语课题组，或称为商务英语教育科学研究团队。小组成员通过商务英语理论与实践相结合，聚焦商务英语教育具体问题，创造研究出课题的最大教学应用与教学实践价值。商务英语教育科学课题组合作的目的主要是对商务英语教育教学课题进行研究，提高整体师资素质，因此，课题组应具有互补性，成员应该在年龄、性别、个人专长等方面形成优势互补，以利于发挥群体各要素的功能，做到人尽其才。同时，针对商务英语学科是以英语语言为基础，与国际商务相关的经济学、管理学、社会学、法学、统计学等学科相交叉，因此，课题组成员可由不同学科的教师组成，这样的合作使商务英语教师可以利用学校的各学科资源，实现合理配置，发挥各学科资源的整体优势，有助于商务英语学科教学的知识与课程的整合。

商务英语教育科学课题组的合作有直线模式和环形模式。直线模式分为：合作设计——合作分析——解决方案——实际应用。也就是说，首先，课题组由负责人牵头，课题组成员群体合作设计研究框架，提出研究问题，共同探索实践，研究解决方案，形成研究结果后，成员再将研究结果用于具体教学中检验研究成果。环形模式分为：提出问题——研究分析——解决方案——实际应用——提出问题。具体来说，首先，提出研究课题，研究课题可以是课题组成员发现并提出的，或由课题组成员共同研究产生。问题提出后，课题组带头人带领全体成员展开研究和分析，研究过程可以进行具体分工，分成更小的研究小组，也可分工到个人以发挥每个人的特长，集思广益。在充分的个体分散的研究基础上，集中群体合作研究，进行头脑风暴，认真听取每个成员的意见，博采各成员所长，进行科学、严谨和务实的合作研究。商务英语教育科学研究中涉及到具体教学实践，在最终解决方案确定之前，应反复试验初步方案。然后再将课题研究成果应用到实际教学中，从中发现研究成果在应用过程中出现的新问题，再进行下一轮的合作研究。

商务英语教师课题群体合作研究以课题为引领，教师从教学实际出发，解决教学实际问题，通过群体参与教学课题研究，有效提高教师的理论水平和实践能力，从而全面提升其素质，促进其专业得到持续发展。

2）课程整合与开发合作

以教育研究为引导的商务英语教师群体发展的另一个重要

途径是商务英语教师合作开发商务英语课程。商务英语课程开发既是商务英语学科教学自身的需要，同时又是促进商务英语学科教师专业发展的有效路径。

商务英语学科培养服务于国际商务领域和相关涉外领域工作岗位并具备一定可持续发展的素质和能力的商务英语人才。商务英语包含有丰富的专业知识，需要围绕培养学生的商务英语应用能力进行课程开发，将社会对学生的目标需求转化为基本能力要素，然后根据基本能力要素来构建课程体系内容，需要教师以学生所需能力为目标，开发内容融通互补，英语语言能力与商务理论知识、实践技能的培养结合在一起的课程（鲍文，2009）。因此，商务英语教师不但是课程的实施者，更应是课程的开发者、设计者。同时，国际社会、国际经济和国际商务社会的情况是在不断变化，随之带来"需求"的变化也多元化。商务英语不同于以往的一些惰性学科，课程体系和内容不可能一成不变。随着国际社会、经济的发展，有更多的内容进入国际商务领域，商务英语学科的课程开发也需紧跟其发展需要，及时吸纳国际商务发展的新内容。也就是说，商务英语课程不是一成不变的固定的课程体系，而是动态的生成过程，它要求商务英语教师不断思考、改进和更新课程内容，开发新课程。再者，高等教育必须随时代发展而变化，人才需求的层次也会发生变化，这些变数都会直接影响到课程体系、课程设置。面对这些变化，商务英语教师要不断调整和完善课程体系。

商务英语课程开发与整合强调其学科专业整体课程理念与结构的统一，这就需要对整体的课程计划以统一的理念进行开发，其实质就是实现学校各方面资源的有机整合，其中最为重要的是商务英语教师间协调与合作。整合与课程开发是教师之间相互合作与协调的过程。商务英语教师群体是一个由不同学科背景、不同年级背景等组成的复合群体，不同的学科背景教师之间有不同的思维与教学方式，不同年级之间有不同的问题与教学任务，因此，教师应从整体的角度出发进行合作与协调，具有整体的观念。商务英语教师在合作开发和整合课程中，教师们形成合作的观念，养成合作的习惯，适应合作技术，从而达到共同分享、共同承担和共同提高的群体合作发展目标。

商务教师在研发课程的过程中，要调查了解商务英语专业学生的情况和需求，需要了解社会对商务英语人才能力需求情况，需要查阅相关资料，需要与专家、同行进行教学研讨和探索；当课程研发得比较成熟时，教师还需就课程的内容、教学方法、评价等方面进行深入实验研究，并进行调整，这都需要教师之间的群体的协作、互助和配合。商务英语教师将教学与合作开发与整合商务英语课程相结合，加深对商务英语教育教学理念的认识，提高对商务英语教育教学的整体把握。商务英语课程整合与开发有利于加强和提升其自身教育教学和科学研究的能力，有效促进商务英语教师的本体能力和发展能力的提升，有力推动商务英语教师的专业整体能力的发展。

3）合作开发和编写教材

教材是教学理念、教学内容和教学方式的载体，是课程实施的主要组成部分，是实现教育教学目标的重要前提和保证。教材在教学活动中的作用十分重要。研究发现，98% 的课堂教学指导来自教材而非教师，90% 的学生课后作业也是由教材来指导的（Suaréz，2001）。教材是教师使用最为频繁的教学媒介，而对教材的编写与开发可使教师知识得到进一步更新，能力得到进一步提高，从而实现教师专业的不断发展。

商务英语教师合作编写和开发教材与课程开发在商务英语学科发展中具有两个层面的意义:一是满足目前需要;二是促进商务英语教师不断提升其专业知识与能力。

商务英语学科教学在我国发展历史不长,其教材的编写与开发取得了一定的成绩。当前,我国市场上商务英语教材主要有两个渠道来源。一是国内出版社直接从国外引进的经济学、金融学、管理学、会计学和 MBA 系列等英文影印版书籍;二是国内学者为适应商务英语教学的需求根据原版教材改编或自编的教材。国内编写的教材由于能够较好适应中国国情与学生情况,目前仍是大多数高校的首选。但是,总体上来看,目前编写出版的商务英语教材都存在一定的缺陷,主要是不能充分满足培养复合型、应用型英语人才的要求。具体来说,存在着缺乏系统性、教材定位准确性不高、教学理论基础缺乏、理论与实践的结合度不够、语言知识与商务知识融合度不高、选材和编写的盲目性和主观随意性等问题。因此,编写和开发适应我国商务英语学生的教材是商务英语教师的重要职责,也是商务英语教师专业发展的重要途径。

为了从整体上把握商务英语教材编写与开发,减少其开发过程中的盲目性和随意性,商务英语教师合作共同编写和开发教材尤为重要。商务英语教师合作开发和编写教材的步骤可分为:组成编写组——确定教材的系列层次——选择教学方法——确定编写大纲——编写过程——统筹教材。首先,根据教师兴趣、背景等情况组成教材编写小组,确立教材编写牵头人;其后是小组成员通过合作调查,共同讨论,确立教材的系列与层次。商务英语教材应体现更明确的专业层次,结构安排更突出教材的目的性和功能性。教材针对不同阶段的商务英语学生应有不同的深度和广度，使学生通过对教材的学习，不仅能获得形成应用能力所必须的专业知识，又能兼顾学到必须的基础理论。

具体来说，在商务英语教材编写时，对教材使用者进行目标定位，需求分析，确定教材目标使用群，并了解使用群的英语水平背景，考察分析使用群的专业需求，确立教材的专业层次，并以此为依据制定教学大纲，设计课程，进行教学方法的选择和内容的选取和编辑。第三步是确立教学方法。教材的教学方法是指语言教学大纲，外语教育研究者和实践者根据一定的语言理论和语言学习理论研制的某种语言教学模式，它不但包括教学中内容的安排，而且包括教学的实施方法。从这个角度来说，语言教学大纲与教学法十分接近，也可以说语言教学大纲就是教学法。一般认为，教材的编写应该且必须遵循并体现一种或几种教学方法，否则教材就没有系统（程晓堂，2005）。选择合理的教学方法作为编写指导是商务英语教材编写的首要问题。在教材编写中应首先选取一种或两种为主线，适当吸收其他方法的优点，以保证教材的系统性。针对国际商务英语学科特点，任务型教学、案例教学、情景教学等是其目前商务英语教材编写采用的主要教学方法。第四步是编写组成员编写教材具体内容。这一过程中，成员需按照所确定的编写层次、编写大纲、教学方法、编写计划、分工内容，独立编写。最后一个阶段是统筹完稿阶段。这一阶段非常重要，牵头人需领导所有成员对所编的内容作最后统筹，删去与编写大纲不符内容，做适当调整与增补，最后确立终稿。

商务英语教师合作开发、编写教材，具有推动学科教材建设和自身专业发展双功效。商务英语教材是体现商务英语教学思想的载体，是商务英语教学理论发挥功效与实践的媒介，是全面提高教学效果与质量的关键因素，也是促进商务英语教师专业发展的有效途径。教师合作共同开发和编写教学材料对教师专业发展意义重大。教师通过开发、编写高质量的教材、讲义、练习、辅导材料等,可以直接学到很多具体的教学理论和实践知识(Ur,1996)。因此,从这个意义上来说,商务英语教师开发、编写教材与其教师专业发展教材编写是相互促进、相辅相成的。教材编写在加强教材建设同时,推进教师自身专业发展。

5.4 商务英语教师群体合作发展促进策略

通过上述讨论,可以看出,教师群体合作无疑是促进商务英语教师发展的最有效机制之一。但是教师自身原因和外在客观原因造成商务英语教师目前存在许多障碍。如同大学其他学科典型的教师文化形式,商务英语教师秉承传统知识分子的性格特征影响,具有独有的"自由"、"独立"、"批判精神"品质,使得他们身上也拥有"文人相轻"、"自省自察"、"独善其身"的性格特征,表现在商务英语教育教学中为"自我封闭"、"不愿合作"、"个人奋斗"的行为选择,在群体合作中,会出现强烈的抵制情绪。此外,由于高校教师间竞争激烈,商务英语教师不愿将自己经验与别人分享,造成自己在竞争中失去优势。其二,教师合作理念深层地影响着教师合作的实践行为和实践效果。但是,当前人们对什么是教师合作还未达成共识,造成商务英语一线教师对教师合作理解的片面与模糊,导致合作实践行为的低效率,甚至无效率。其三,就目前而言,商务英语教师缺乏群体合作的能力和技能。教师纵有合作意向,却不知如何去合作,用什么方式去合作,怎样获得合作成功。

除了自身原因外,目前高校商务英语学科的外在因素也影响着商务英语教师的群体合作发展。其一是高校具有传统文化氛围,教师注重传统的“专业个人主义”、“独立成功观”,关门做学问,不与他人交流。其二,目前高校理性化的管理模式对商务英语教师群体合作产生负面影响。它强调严格的规章制度,明确的职责分工,严厉的奖惩和强制纪律,实行量化的检查和评价,与商务英语教师劳动的复杂性、创造性、长效性等产生激烈的冲突,使教师围绕特定的标准,相互间展开激烈的斗争,妨碍了教师精诚合作的手脚,破坏教师追求合作的意愿与发展机会。其三,不确定性的工作性质和条件对商务英语教师合作产生负面影响。课堂教学是一个不确定的因素,商务英语教师需要面临许多捉摸不定的教学情境,教师工作没有准确固定的操作方式。为了寻求安全感,避开同事的评价、议论,教师一般不愿向别人公开自己的工作。每个教师只有通过自己艰苦漫长的摸索,才能建立起一套适合自己的教学经验体系。

商务英语专业教学以培养学生英语语言能力、商务知识与国际商务能力,以及学生未来职业的综合素质为目标。就本质而言,国际商务是与境外商人进行国际商务活动,就是人与人之间的交流活动。因此,与人合作、与人沟通、与人交流是商务英语学生必须具备的能力。而要培养商务英语学生的合作、交流和沟通能力,商务英语教师首先应具备合作意识与能力。提升商务英语教师的合作意识与合作能力可从采取以下措施。

1) 引发商务英语教师群体合作发展共同愿景

愿景是一种关于未来的思想、景象或意象,即将来会成为什么样的见解。“在人类组织中,愿景是唯一最有力、最具激励性的因素。它把不同的人联结在一起”(戴维,2005)。共同愿景是引教师合作成员同甘共苦、群体奋斗的保证和基础,是对群体合作成员的有力激励与召唤。同时,共同愿景还能推动团队建设。优秀的团队是成员们的利益共同体和命运共同体,有利于铸造合力,提升凝聚力,有利于形成自然、深入和彻底的合作。

商务英语教师合作的信念和愿景是教师合作的出发点和归宿。商务英语教师群体合作的核心在于商务英语教师共享的价值与信念、共同的利益。商务英语教师有了共同的奋斗目标,才会有共同的信念、共同的利益,并把学校利益放在个人利益之上。因此,只有将商务英语学科发展的各种计划变成商务英语教师自己的需求,让教师自己去发动和维持,才能建立商务英语教师共同的理想。具体来说,应确立商务英语教师群体合作的共同愿景,激活合作意识。商务英语学科是一门新学科,教师对其发展背景、发展目标并不清楚、到位,学科主管方,包括学校、二级学院等要全方位、多角度地宣传英语学科情况,大力宣传商务英语教师群体合作专业发展的优势和益处,宣传商务英语学科发展规划,应引导商务英语教师确立合作的专业发展观,以形成教师间自然合作关系,从而促进教师自我发展。其次,学校领导,要根据本校商务英语学科的实际发展情况,与教师共同制定商务英语学科发展的近、远期目标总规划,让教师能看到本学科的发展前途,对学科未来发展充满希望,使教师能够将这一目标与合作团队的具体目标,以及个人的发展规划结合在一起,并融入个人的教学、科研中去。

2)营造商务英语群体合作发展文化氛围

商务英语教师专业发展中,教师相互理解、认同与共生是其走向成功的智力支持,是商务英语教师专业发展过程的情感驿站,也是教师专业自我认同的理性寄托。只有商务英语教师自然合作文化形成了,商务英语教师的群体合作专业发展才能真正长期有效地开展。商务英语教师合作文化的形成需要从形成合作文化做起,“诉诸文化的内在改变,即应将各种改变计划变成教师自己的需求,让教师自己去发动,指导和维持,并使他们在此过程中感到有能力、有信心”(吴增强,2006)。学科主管方首先应建立商务英语群体合作文氛围,引导商务英语教师树立“共赢”思维。商务英语学科具有交叉性、综合性,许多学术问题和教学问题仅凭教师个人的力量无法解决,必须依靠集体的智慧。同时,商务英语专业人才培养的复杂性和实践性也需要商务英语教师集体的力量,多管齐下,形成合力。不同背景的商务英语教师知识结构、思维方式、认知风格等方面有一定的差异性,而这种差异正是商务英语教师群体合作学习的动力和背景。因此,要提高教师的合作理念和平常心态,改变教师“非赢即输”的思维定势,使教师走出个人狭小城堡,积极主动地述说、分享和承担,认识到合作是一种互惠共赢,通过优势互补、取长补短,产生“共生效应”。通过教师间的资源共享、活跃思维、开阔眼界、交流情感、分享成果,认识到在满足自己需求的同时,也应主动考虑其他教师的需要。同时,学校或学院方要营造平等、理解、尊重、团结的文化氛围,使教师认识到合作是最高的竞争,竞争必须合作。而合作带来的是互补与双赢。引导教师在群体发展中做到“和而不同”、“和而不流”的正确竞争与合作意识。

再者,商务英语教师应在互信、互谅的氛围中进行互相观摩、咨询和协作教学。合作环境是由相互信任的文化环境和特定的权利运用模式构成的,商务英语教师之间的信任关系是减轻其参与合作心理压力的最有效因素。教师之间彼此相互信任、相互同情,每个人都能够自由地承认错误,表达愤怒。人们以问题的解决为目标,确定规划和解决问题的机制。这种环境下的交流是人与人之间的真实的交流，不是相互控制，而是激发和被激发，向他人学习并把自己的知识奉献给他人，在改变自己的观念同时也影响他人的观念。因此，应营造出张扬坦诚与信任、鼓励宽容和相互支持的人际环境或文化氛围。

提升商务英语教师群体合作理念，营造商务英语群体合作文化的氛围需要一个渐进的理解、内化、认可、接受的过程，但是一旦商务英语教师发现合作乐趣，分享到合作的成果，其合作意愿就会提高，合作理念就会提升，进而将合作应用到日常教学和科研中。

3）搭建商务英语教师群体合作发展平台

在营造合作氛围和提升合作理念的基础上，还应为商务英语教师和群体合作搭建平台。学校应提供专业支持平台，促使教师在教研活动、协同教学、教学研究、专业对话等专业活动中展开合作。

首先，应搭建商务英语专业合作平台，为教师提供群体合作活动的场所和机会。主管单位应为商务英语学科教师群体合作的开展提供支持，如设置商务英语专业教研室，确定教研室主任。教研室主任充分发挥组织、引领作用，带领教师开展有针对性的群体合作教研活动，提升教学水平，促进教师专业发展。

再如，组织商务英语教师结对，或称“一对一结对子”帮扶，由富有经验的资深教师与新进或教学薄弱的教师形成师徒关系，以老带新。“徒弟”学习资深教师成功经验，并将在学校所学的理论知识与资深教师的经验一起应用到商务英语教学中去，这样师徒各展其长，互帮互学，促进帮扶双方的教师专业水平共同提升。这种合作形式适用于商务英语学科教师之间的教学合作，同时也适用于与商务英语学科相关学科间合作。合作对象既可以在本校范围里产生,也可以从外校的名教师、骨干教师中挑选。

第二,建立商务英语教学和科研团队。从教学团队的角度来讲,教师之间在知识结构、智慧水平、思维方式、认知风格,以及在教学内容处理、教学方法选择、教学整体设计等方面存在差异,然而在相互间的交流与沟通中,教师之间可以相互启发、相互补充,实现思维、智慧的碰撞,从而产生新的思想,使原有的观念更加科学和完善。从商务英语科学研究角度来讲,建立科研团队,形成由学科或学术带头人牵头、学术骨干为主干、一般教师或科研人员积极参与的学术梯队,共同开展科学研究,以强带弱,密切合作,可促进教师科研水平与科研能力快速提升。

第三,建立商务英语网络信息平台。随着现代信息和网络技术的普及应用,超越时空的网络共享成为可能,网络共享的形式因其便捷、实用而深受教师喜爱。建立商务英语教师网络信息平台可以使教师通过校园网络共享机制的建立来拓宽教师信息交流渠道,实现教师资源全面共享的师师合作。学校校园网包括内网和外网,内网主要供校内教师交流互动及师生沟通与对话;外网主要供外校教师与本校教师进行交流互动。网际合作不仅使教育教学有了先进的技术手段,更为资源共享创造了条件,它激活整个教学系统,达到教学系统各动态因素的多边互动。在学校网络平台支持下,商务英语教师可实现备课笔记、教学札记、课件设计、练习方案等的共享。再者,学校可以为每一位商务英语教师在网上设立动态的研究区域,增设"留言板",以便随时接受反馈信息,这样,在教育教学过程中,教师的困惑可随时获得帮助,感想可及时和同事分享。学校还可以为教学、科研管理层设立动态研究栏,它既可以就某一主题组织教育论坛,也可以在网上组织教研活动。教师们可以不受时间、空间的限制,反复在网上和学习伙伴进行讨论,表达自己的观点,向学习伙伴贡献自己的教育智慧。再者,学校可为商务英语教师建立校园电子布告栏系统(BBS),校园电子布告栏是一种电子信息服务系统,向用户提供了一块公共电子白板,每个用户都可以在上面发布信息或提出看法。利用校园BBS平台集结众人智慧,实现优势互补。BBS的使用要注意在操作时加强管理,尽可能采用校内实名注册上网的形式,避免布告栏中留下产生不良影响的信息。

其他网络支持下的平台,如QQ电子邮件、教育博客等都是有效的商务英语教师新型的群体合作交流方式。

4)制定商务英语教师群体合作管理制度

为保障商务英语教师群体合作发展,学校或商务英语所在的二级学院应在管理上创新,最重要的是民主与合作。在教师队伍的管理中,探讨一种合作式教育管理模式。首先,建立具有合作协调特点的管理机构。在有组织、有领导的前提下,在管理中使多方处于平等地位,真正做到密切配合并充分发挥各自功能,从而实现多方协同活动的民主过程。其二,在制定群体合作管理制度时,应邀请教师代表广泛参与,以民主的形式来共同制定教师合作的具体奖罚制度。这样,教师才会自觉地按照所制定的制度去行动。特别强调民主参与、自主管理,尊重人的主体性,使人人有机会参与管理,不仅利于达到教育管理的目的,更重要的是增强了合作意识,提高了合作的效益,强化了商务英语教师的合作精神。这些体现着合作行为的自上而下及自下而上的管理方式,也正是形成商务英语教师合作精神的必要保障。其三,建立和谐的竞争制度。商务英语教师竞争只是手段,共同发展才是目的。竞争是暂时的、局部的,合作才是永恒的、全面的,应引导商务英语学科教师进行和谐竞争、有限竞争。在竞争中合作,在合作中竞争,使竞争的双方、多方的经验得以互补,以发挥更大的效益。由于教师合作的本真意义在于教师之间的相互提高,因而,教师合作理应是一种批判性的互动关系或方式,而不是彼此妥协、相互迁就。

5）建立商务英语教师过程性评价制度

教师评价制度是学校、学院教师管理的有效方法,具有很强的导向性。评价是一把"双刃剑",它既可提高商务英语教师积极合作共同探索的积极性,又可成为商务英语教师工作积极性的障碍。

传统的结果性教师评价制度过于强调量化技术性的管理政策,不仅容易伤害商务英语教师的工作积极性,还容易将教师引向异化的发展方向。因此,需要遵循教育本质、运用更加符合人性特征的管理理念和方式,以发展性的教师管理模式为导向,采用过程结果兼顾,完善评价体制。一方面突出评价的诊断、激励与调控的功能,注重教师的个人价值、伦理价值和专业价值。另一方面,评价机制还应将合作意识与能力作为一项重要指标,以高校教师的发展为基点构建高校教师评价机制。这不仅要求学校把评价过程看做是商务英语教师发展的过程,更重要的是给商务英语教师充分的理解和自由,鼓励教师勇于创新,敢于挑战和超越,不怕困难和失败。在对商务英语教师进行考核时,应缓解相对评价,突出绝对评价,显示出教师逐步成长的过程,实现教师自身价值,促进教师之间的群体合作和发展。

过程性教师考评制度能够重构管理者与教师间的关系,管理者与教师都视为管理工作的主体,共同面对教育管理中介的客体。过程性教师考评制度强调教师评价的真实性和准确性,提高全体教师的参与意识,发挥全体教师的积极性,注重中长期目标,评价双方共同承担实现发展目标(王文华,1998)。商务英语过程性教师评价制度中,教师与管理者之间是平等合作的关系,这种管理制度提供了教师表达自己愿望、提出建议、作出判断、进行解释的话语机会,加强管理者与教师间的交互性活动,为商务英语教师群体合作发展提供了有力的政策支持。

参考文献

Bruner, J. S. 1968. Toward a Theory of Instruction [M]. Cambridge: the Belknap Press of Harvard University Press.

Brown, H. D. 1987. Principles of Language Learning and Teaching[M]. Englewood Cliffs, JC: Prentice Hall.

Duffy, T, M. & Jonanen, D. H. 1991. Constructivism New Implications for Instructional Technology [J] Education Technology.

Deusch, M. 1949a. A Theory of Cooperation and Competition[J]. Human Relations.

Deusch, M. 1949b. An Experimental Study of the Effects of Cooperations.

Frend, M. & cook, L. 1992. Interactions: Collaboration Skills for School Professinals [M]. White Plains, NY: Longman.

Gagnon, G.. W. & Gollay, M. 2001. Designing for Learning: Six Elements in Constructivist Classroom [M]. California: Corwin Press, Inc.

Gail. B. 2001. The Development of a Theoretical Framework of Educator Collaboration [D]. Loyola University ,Chicago.

Harg reaves, A. 2001. The Emotional Geographies of Teachers Relations with Colleagues [J]. Internationa l Journa l of Educationa l Research, Volume: 35, Issue:(5).

Hargreves, A. 1992. Cultures of Teaching: A Focus for Changes [A]. in Hargreaves, A. & Fullan, M. G. (eds.) Understanding Teacher Development , Cassel(1).

Hutchinson, T. and Waters, A. 1987. English for Specific Purposes [M]. Cambridge University Press.

Jazabkowski, L. M. 2002. The Social Dimensions of Teacher Collegiality [J]. Journal of Educationa l Enqu iry, Vo . 13, No. 2.

Johnson, D. W. , Johnson R. T. Holubec E . J. 1993. Circles of Learning: Cooperation in the Classroom(4th ed)[M]. Edina, MN: Interaction Book Company.

Johnson, D. W. , Johnson, R. 1998. Cooperative Learning and Social Interdependence Theory [A]. In Bandura A, et al (Eds.). Social Psychological Applications To Social Issues[C]. Verlag: Springer, 4, 4.

Jonassen, D. H. (eds.) 1991. Constructivism and the Technology of Instruction: A Conversation [M]. Lawrance Erlbaum Associates, Inc.

Jonassen, M. R. & D. Jonassen. 1992. Whither Contructivism [M]. Englewood: Libraries Unlimited Inc.

Tyler, T. , Blader, S. 2000. Coperations in Groups [M]. Philadelphia: Psychology Press.

Kelly, H. H. 1967. Attribution in Social Psychology [J]. Synmposium on Motivation(15).

Kitty, K. 2003. Factors Affecting Teachers' Participation in Professional Learning Activities [J]. Teaching and Teacher education(19).

Lang, D. L. 1990. A Blueprint for a Teacher Development Progam [M]. //In J. C. . Richards and D Numan (eds). Second Language Teacher Education, New York: Cambridge University.

Little, J. W. 1990. Teachers as Colleagues [A]. in Lieberman, A. [ed.] Schools as Collaborative Cultures[C]. The Falmer Press.

Michale, S. H. 1998. Collaboration in a Teacher Study Group as a Vehicle for Professional Development [J]. The University of North Carolina.

Nunan, David. 1999. Language Teaching Methodology [M]. Hertford: Phoenix ELT.

Piaget, J. 1972. The Principles of Genetic Epistemology [M]. Lodon: Routledge & Kegan Paul Ltd.

Piaget, J. 1950. The Language and the Thought of the Child [M]. New York: Basic Books.

Piaget, J. & Inhelder, B. 1969. The Psychology of the Child [M]. New York: Basic Books.

Roben-Jan Simons, P. 1993. Constructive Learning: the Role of the Learner [J]. Cooperatin with NATO Scientific Divisin.

Scheuman, G. 1998. From Behaviorist to Constructivist Teaching [J]. (American) Social Education(1).

Skehan, Peter. 1999. A Cognitive Approach to Language Learning [M]. Shnghai: Shanghai Foreign Language Educatin Press.

Slavin, R. E. 1983. Cooperative Learning [M]. New York: NY Longman.

Slavin R E. 1990. Cooperative Learning: Theory, Research and Practice[M]. Allyn and Bacon (14).

Suaréz, E. T. 2001. A Behavioral Stems Analysis of Textbook Quality Improvement [D]. Doctoral dissertation, Western Michigan University.

Tsui, B. M. A. 2003. Understanding Expertise in Teaching: Case Studies of Second Language Teachers [M]. Cambridge: CUP.

Ur, P. 1996. A Course in Language Teaching: Practice and Theory [M]. Cambridge: CUP.

Vygosky, L . S. 1978. Mind in Society: The Development of Higher Mental Process [M]. Cambridge: MA:Harvard University Press.

Vygosky, L, S. 1986. Thought and Language [M]. Cambridge: Cambridge University Press.

Weiner, B. 1986. An Attribution of Motivatin and Emotion [M]. New York; Springer-Verlag.

Willis, M. , Burner, Robert L. 1997. Psychology for Language Teachers: a Constructivist Approach [M]. Cambridge: Cambridge University Press.

Wittroch, M. C. 1978. The Cognitive Movement in Instruction [J]. Educational Psychologist (77).

鲍文. 2009. 国际商务英语学科论[M]. 北京:国防工业出版社.

常秀芹,李艳艳. 2008. 教师合作的内涵、特征与意义[J]. 中国成人教育,(2).

陈琦,张建伟. 1998. 建构主义学习观要义评析[J]. 华东师范大学学报,(1).

陈仕清. 2012. 英语教师专业发展那新路径[M]. 南宁:广西教育出版社.

程晓堂. 2005. 英语学习策略[M]. 北京:外语教学与研究出版社.

程智. 2007. 教师专业发展与现代教育技术[M]. 广州:暨南大学出版社.

戴维 · 约翰逊,罗格 · 约翰逊. 2005. 领导合作型学校[M]. 唐宗清,译. 上海:上海教育出版社.

邓涛,鲍传友. 2005. 教师文化的重新理解与建构——哈里夫斯的教师文化观述评[J]. 外国教育研究(8).

邓涛. 2008. 教师专业合作的理论与实践研究[D]. 长春:东北师范大学出版社.

杜威. 1936. 思维与教学[M]. 孟宪承,等译. 北京:商务印书馆.

杜威. 2000. 民主主义与教育[M] . 王承绪,译. 北京: 教育科学出版社.

邓涛. 2007. 西方教师专业合作研究评述[J]. 外国教育研究(7).

范良火. 2003. 教师教学知识发展研究[M]. 上海:华东师范大学出版社.

范琳,张其云.2003.建构主义教学理论与英语教学改革的契合[J].外语与外语教学(4).
富兰,迈克尔.2001.变革的力量—— 透视教育改革[M].北京:人民教育出版社.
冯意心.2008.网络环境下英语合作学习模式的构建[J].教育探索(5).
高文.1990.建构主义学习特征[J].外国教育资料(1).
高文.2008.建构主义教育研究[M].北京:教育科学出版社.
郝德贤.2010.教师合作的本质、目的、过程[J].教育探索(6).
郝立英,刘育东.2008.高校教师合作策略研究[J].河北科技大学学报,(3).
何克抗.1998.建构主义——革新传统教学的理论基础[J].电化教育研究(3).
纪丽康.2002.外语学习中元认知策略的培训[J].外语界(3).
刘家霞,申继亮.2003.国外教学反思内涵研究述评[J].比较教育研究(10).
马万华.1999.建构主义教学观对大学教学改革的启示[J].高等教育研究(5).
孟小佳,郝建君.2012.多模态大学英语教师合作模式研究[J].内蒙古财经学院学报(4).
秦国林.2007.合作学习的基本理论及其借鉴意义[J].黑龙江高教研究(9).
饶从满,张贵新.2007.教师合作:教师发展的一个重要路径[J].教师教育研究(1).
饶从满,王春光.2000.反思型教师教育运动初探[J].东北师范大学学报(哲社版)(5).
任伟伟.2011.高校教师合作文化的缺失与重塑[J].河南社会科学(4).
任智茹.2010.教师合作学习的特征[J].当代教育科学(21).
史为林.2007.教师合作教学的实践与探索[J].教育探索(3).
斯莱文.1993.合作学习与学业成绩:六种理论观点[J].王红宇,译.外国教育资料(1).
王文华.1998.发展性教师评价制度[M].上海:华东师范大学出版社.
王琴.2007.建构主义理论与外语教学[J].宁夏社会科学(1).
王坦.2002.合作学习的原理与实践[M].北京:中国人事出版社.
王卫东.2007.教师专业发展探新——若干理论的阐释与辨析[M].广州:暨南大学出版社.
王湘玲,宁春岩.2003.从传统教学观到建构主义教学观——两种教学观指导的英语教学对比研究[J].外语与外语教学,(6).
文秋芳.1996.英语学习策略论[M].上海:上海外语教育出版社.
张海榕.2004.建构主义教学理论与大学外语教学[J].天津外国语学院学报(1).
吴增强.2006.论学校科研文化建设[J].中国教育学刊(1).
张意忠.2011.高校教师合作:理论基础与实践策略[J].高等教育研究(12).
吴振利,饶从满.2009.关于教师合作问题的理性思考[J].课程、教材、教法(11).
雅各布斯,乔治.1998.共同学习的原理与技巧[M].林立,马容,译.北京:中央民族大学出版社.

杨进. 2011. 语言教师合作学习模式与策略研究[J]. 长春理工大学学报(社会科学版)(9).

章伟民. 2009. 建构主义及其教学设计原则[J]. 外语电话教学(9).

张慧玉. 2005. 格式塔心理学对形的探讨[J]. 理论界(7).

张意忠. 2011. 高校教师合作:理论基础与实施策略[J]. 高等教育研究(11).

中央教育科学研究所比较教育研究室. 1990. 简明国际教育百科全书·教学(下册)[Z]. 北京:教育科学出版社.

周凤燕. 2008. 合作学习在大学英语教学中的运用[J]. 江苏外语教学研究(1).

郑淑贞,盛群利. 2010. 社会互赖理论对合作学习设计的启示[J]. 教育学报(6).

朱旭东. 2011. 教师专业发展理论研究[M]. 北京:北京师范大学出版集团.

第6章

››› 商务英语学科教师校本培训发展机制

商务英语学科要求教师具有复合的知识、能力和素养，教师应通过教师专业发展途径，不断提升其专业素质，满足社会经济发展对商务英语人才培养的要求。除了以自我发展为核心的自我指导、反思与行动、群体合作途径，学校发起的培训也是商务英语教师专业发展的有效和必要手段。本章探讨商务英语教师专业发展的学校培训机制。

6.1 商务英语教师校本培训发展理论基础

6.1.1 学习型组织理论(Learning Organization)

学习型组织理论属于现代管理理论，其“学习型组织”概念由美国哈佛大学教授佛瑞斯特(J. W. Forrest.)，在其《企业的新设计》一文中首次提出。他根据系统动力学的原理设计出学习型组织的基本特征。其后，哈佛管理理论大师阿吉瑞斯(C. Argyris)和肖恩(D. A. Schon)对学习型组织理论进行了多种研究，发表了众多有关学习型组织的文章，推动了学习型组织理论的发展。而学习型组织理论的集大成者则是20世纪90年代美国麻省理工学院圣吉(P. M. Senge)教授,其《第五次修炼—— 学习型组织的艺术与实务》一书出版,将学习型组织理论推上高峰。其后,“学习型组织”的建设活动迅速风靡全球,成为引领人类思维和行为模式变革的崭新理念。

圣吉在其《第五项修炼——学习型组织的艺术与实务》一书中,提出了新型的、宏观的组织管理理论和学习型组织的典型模型。他认为要建立学习型组织,须掌握五项学习型组织的技能:系统思考、自我超越、心智模式、共同愿景、团体学习,称为“五项修炼”。

“系统思考“是五项修炼的核心内容,是自我超越、心智模式、共同愿景、团体学习修炼的基础。系统思考帮助人们从局部看整体,全面掌握事物的整体情况,从表面看待本质,从静态认识动态,了解事物逐渐变化的形态。系统思考的目的在于优化管理的整体功能,以取得最佳的管理效果。

“自我超越”是了解、确定和加深个人的真正愿望,并集中精力,培养耐心,不断扩展自己的能力。精熟于自我超越的人,能够创造组织环境,鼓励和鞭策组织成员的自我发展,实现内心深处最渴望实现的愿望。“自我超越”是对生命全心投入、不断创造和超越,是一种真正的终身学习。

“心智模式” 是根深蒂固于组织成员心中,能够影响成员了解这个世界,以及如何采取行动的许多假设、思维模式、成见,甚至脑海图像、印象。在管理的许多决策模式中,决定什么可以做或不可以做,这种根深蒂固的心智模式,常与心中隐藏的、强有力的心智模式相抵触。因此,改善心智模式要求学习者不断反思与探寻,在实践中不断验证自己的假设与现实是否一致,从而避免因表面现象而导致的错误推论。

“共同愿景”源自个人愿景,是通过对组织内全体成员个人愿景的提炼和升华,而形成的全体成员心中共同的目标、价值观与使命等。组织内的每一个成员通过不断超越自我的终身学习,通过改善内心的心智模式最后达成共同愿景。一个组织必须要有能够凝聚并坚持实现共同愿景的能力,拥有共同渴望的目标,组织成员才会主动努力学习,追求卓越。

“团体学习”修炼建立在团队成员共同愿景的基础上,培养和发展团队成员整体配合行动能力和共同努力实现共同目标。“在现代组织中,学习的基本单位是团体,而不是个人;融合整体能得到大于个体部分的综合效力”。团队学习的修炼发挥团体力量,通过深度交流、广泛讨论等交流形式,使团队成员畅所欲言,毫无保留地将“假设”与“思考”展示出来,以提高组织整体成员的智慧。

学习型组织理论源自管理学科,但对教育教学、教师发展具有重要启示。学校作为社会中的一个系统,它事实上就是一个学习性的组织,教师的使命是满足学生成长的需求,其职责要求教师不断学习,与时俱进,超越自我,实现自身专业持续不断的发展。

学习型的组织首先是重视学习。“学习不仅是人类的天性,也是生命趣味盎然的源泉”(Senge, 1990)。通过学习,教师超越自我,创造自我,重新认识世界及学习者与世界的关系,开拓创造未来的能量,从而促进学校组织的发展和进步。其二,学习型组织重视团体性,强调共同学习、相互学习和共同的愿景。学校组织为教师营造个性得到充分舒展、互相合作、激励创新的环境,教师确立合作的发展观,以共同愿景为基础,以团队学习为特征,发挥团体智慧,通过共同合作,互相协作,相互学习,彼此激励,实现共同的发展目标。其三,在学校的学习型组织中,协调和调整教师个人愿景,使之与学校组织愿景相契合,使组织目标和个人目标一体化。学校组织教师聚合起来,凝聚力量,聚合人心,为共同点目标而努力发展。其四,学习型组织理论认为组织管理等自由化可以是学校组织中的教师一边学习,一边工作,工作和学习紧密结合,使得教师发展与教师工作密切结合,获得专业发展最优方式。

6.1.2 终身教育理论(Lifelong Education)

20 世纪以来,随着生产要素的全球化,技术、劳动力、技能、知识可以在国家之间迅速转移,使得世界竞争性的市场更为庞大。人们不仅要参与本国同领域的竞争,而且还需要参与世界其他国家和地区的同领域的竞争。由于技术的全球化和快速发展,这就需要人们不断接受教育和学习,以掌握不断快速发展的技术、知识,教育和培训的重要性也日益增长。

随着生产要素的变化、技术的发展人们的生活方式和身份成为人们关注度的核心,自我发展需要个人为之奋斗,而教育和知识已成为自我发展所需文化、形成个人独特身份和生活方式的重要组成部分。教育机会的增加,给人们提供了提升个人身份的可能性。每个人都可以力图通过教育获取知识,改变命运。从发展趋势来看,教育与闲暇之间的界限将逐渐模糊,这在一定程度上是由新技术的产生和产品供给的变化所致。如计算机网络、光盘既可以用来教育,又可以用来进行娱乐,在很多情况下,教育与娱乐可以融为一体。随着微机和网络应用技术的逐渐普及,传统的学习与教育的界限将逐渐延伸。新技术使得学习的灵活性成为可能,以至于无论什么时间、什么地点,都可以进行学习。

技术和知识的快速变化也扩大了教育的可应用性。目前,技术和新知识正成为我们生活中的一个重要组成部分。迅速跟上新技术、新知识的变化的步伐迫在眉睫,而技术本身又是教育和培训的驱动器。人们如果不能适时地掌握一定的技能,就有可能落伍。新技术和新知识也使得终身获取知识和技能变得更为方便。

“终身教育”一词最早出现于 20 世纪 20 年代的英国,而终身教育与终身学习真正作为完整的理论提出是在 20 世纪 60 年代的法国。1965 年法国成人教育专家朗格朗(P. Lengrand)在其《终身教育展望》一文中提出:“应该使教育从纵向方面贯穿于人的一生,从横的方面连接个人和社会生活的各个侧面,使今后的教育在每一个人需要的时刻,随时都能以最好的方式提供必要的知识技能”。朗格朗对“终身教育”这一概念的阐释以及对“终身教育”理论与实践的倡导,在许多西方国家引起强烈反响。1972 年朗格朗出版了《学会生存——教育世界的今天和明天》,该书倡导人们终身学习,并阐述了人们如何去建立一个不断演进的知识体系——“学会生存”,提出了“为生存而学”的学习观。联合国教科文组织对终生教育概念又作了进一步的界定:“终身教育包括教育的一切方面”,它“并不是一个教育体系,而是建立一个体系的全面组织所根据的原则,这个原则又是贯穿在这个体系的每一个部分的发展过程之中的”(联合国教科文组织,1996)。

终身教育与终身学习理论传入我国,在国内掀起高潮。1993 年中共中央、国务院印发《中国教育改革和发展纲要》,首次正式提出“终身教育”概念,指出“成人教育是传统学校向终身教育发展的一种新型教育制度”。1995 年,全国人大八届三次会议通过了《中华人民共和国教育法》,第十九条规定国家实行成人教育制度,“国家鼓励发展多种形式的成人教育,使公民接受适当形式的政治、经济、文化、科学、技术、业务教育和终身教育”。1999 年,教育部《面向 21 世纪教育振兴行动计划》明确规定:到 2010 年基本建立起终身学习体系。2002 年,党的十六大又进一步明确提出:到 2020 年形成全民学习、终身学习的学习型社会。目前,终身教育理论在世界范围内开展,成为改革和进步的主要动力。

伴随着终身教育的发展,终身学习随之产生。终身学习教育思想源于富尔于 1972 年提出的关于终身学习概念制度化的学术报告——《学习的目的》,认为“每一个人必须自我定位,在其一生中坚持不懈地学习”。联合国教科文组织于 1985 年在法国巴黎召开的第四次世界成人教育大会上通过的《学习是人的基本权利》宣言中正式提出了“终身学习权”,认为“成人学习之权,有助于人类解决自身许多关键问题,是人类谋求生存不可缺少的工具”。“终身学习权”的提出,肯定了终身学习不仅是人的需要,也是人的权利,这是学习权在终身教育方面的体现。

1994 年罗马召开的首届“世界终身学习会议”对终身学习做了这样的定义:“终身学习是通过一个不断的支持过程来发挥人类的潜能,它激励并使人们有权力去获得他们终身所需要的全部知识、价值、技能与理解,并在任何任务、情况和环境中有信心、有创造性和愉快地应用它们”(联合国教科文组织,1996)。

具体来说,终身学习是贯穿于人一生的全部的学习历程。它包括正规、非正规,正式和非正式的学习活动。终身学习逐渐以个性化为主导,社会成员根据个人人生各个阶段的社会角色、发展目标以及个人需求,进行自我定位,不断地学习。终身学习不仅是持续一生的过程,也是一个多方面学习的过程,在此过程中,学会学习获取知识、学会复制时间、学会与人共存、学会自我生存是终身学习的目标,只有这样,才能达到提升个人潜能、提高个人生活质量、完善个性发展和促进社会和谐的目标。

终身教育主张人们对知识点不断获取、创造和更新,强调人们应不断接受新的教育,不断提高教育水平,这对商务英语教师校本培训发展机制构建具有较强的理论指导意义。

6.2　商务英语教师校本培训发展概念与特征

6.2.1　商务英语教师校本培训概念

当今世界是一个飞速发展的世界,如何提高教师的专业水平及整体素质以适应不断变化的教育形势,已成为各国学者关注的问题。而“培训”是教师和学校可持续发展的关键之一。“校本培训”是20 世纪70 年代产生于英国,被称为教师在职培训的新概念和新策略,旨在满足个体教师工作需要的校内培训活动。其后,欧洲教师教育协会将校本培训界定为:“源于学校发展的需要,由学校发起、规划、组织,旨在满足每个教师发展需要的一种校内培训活动”(陈静,2003)。我国的教师校本培训起始于20 世纪 90 年代后期,随着教师教育的发展,教育界逐渐认识到学校不仅是培养学生的场所,也是培训教师、促进教师专业发展的基地,至此,校本培训成为教师教育、教师专业发展的重要组成部分。

对于校本培训概念内涵,国内学界有多种理解:

宏观方面的定义有:校本培训是以学校为本,以学校为基础,以学校为阵地,以学校为主体开展的教学研究与教育科研融合在一起的培训活动(徐学红,2003);校本培训是在上级培训机构的指导下,由学校决策、开发和组织, 并充分利用校内外培训资源,直接服务于学校教育教学的培训活动。

微观上指面向本校教师开展的多种形式的校内培训的定义："中小学应有计划地安排教师参加继续教育,并组织开展校内多种形式的校本培训。

从学校教育教学发展和实际需要出发的定义:校本培训是"以教师任职学校为基地辅之以大学或师资培训机构提供必要的课程和人员开展的师资培训模式(莫晓东,1999)。

从教师自我学习的角度出发:校本培训是"在开展继续教育工作中,以教师任职学校为主阵地,以教师互教互学为基本形式,在岗业余自学的一种进修模式"(余维文,2000)。

从综合教师自身潜力和外部力量的角度理解:校本培训是"学校根据自身发展规划,在对学校教师的现状与潜力进行系统评估的基础上,充分利用校内外的各种资源,通过自行规划与设计或与专业机构研究人员合作方式开展旨在满足学校需要的培训活动"(张国胜, 2001)。

由于理解的不同,对此概念的术语表述有:校本教师教育、以学校为重心的在职培训、校本教师专业发展、校本教师进修等。国外对其术语也有多种表达: school-based in-service training、school-based teacher development、school-based in-service education and training of teachers、school-based teacher training,等等。

对校本培训的理解可以分为两类: 一是以培训地点为依据,在学校内进行的教师在职培训活动;二是以培训目的为依据, 即以促进教师专业发展、改善学校和教学实践为中心的培训(史晓燕,2003)。

从上述观点和表述来看,目前主要有两种界定方式。其一是以培训地为依据,培训地一般指学校,在学校内进行的教师在职培训活动。其二是以培训内容为依据，主要是以促进教师专业发展、改善学校和教学实践为中心的计划与活动，无论是在校内，还是在校外，或在其他合作单位，或在教师家庭内开展的提升教师专业水平的活动都统称校本培训。这样以来，第二种界定拓宽了其字面含义，将“校本”除了理解为“在学校中”以外，还增加了“为了学校”和“基于学校”的内涵。“为了学校”指促进学校以及学校中教师的发展，以推动学校教育的改革与发展，解决学校和教师在教育教学工作中面临的问题，促进教师的专业发展。而“基于学校”则指有关教师培训的所有方案都应从学校的实际出发，学校和教师对培训具有自主权，是培训的主体，各种形式的培训活动的发起、组织、实施等都以学校为本，从学校教师情况出发。但是，如果由此来概括“校本培训”，其意义就可以涵盖“教师专业发展的”所有内容、所有手段，“校本培训”也就可以取代教师专业发展。笔者认为，“校本培训”是隶属于“教师专业发展”或“教师教育”下面的分属内容，致力于教师所在学校开展的各种培训活动。因此，本研究使用第一种涵义，也就是倾向于具体的、狭义的校本培训，以其别于其他形式教师专业发展途径和方法。

基于这一点，商务英语校本培训可以理解为：在商务英语教育专家的指导下，学校根据商务英语学科教师实际情况，组织、规划的商务英语学科教育教学、教学研究、教学实践、产学研结合等方面的各类在职培训项目。其含有四层意思，一是强调在教学现场中提高教师的教学能力和教学质量，充分利用学校资源；二是学校在培训事宜上有较大的自主权，以学校为基础，依据学校及教师的实际来进行培训；三是要能解决学校教育教学实践中存在的问题；四是对学校的培训起积极作用的校外个人或团体也能参与培训活动。

6.2.2 商务英语教师校本培训特征

商务英语在我国是新兴的交叉性学科，目前由于商务英语教师来源背景不同，大多数教师的知识和能力结构都不够完全。纯英语背景出生的教师，缺乏国际商务方面的知识与能力；国际商务背景转而从事商务英语教学工作的教师，虽有一定的英语基础，但其英语语言的听说读写译的基本功和英语语言表达能力不足，而这两个背景教师在网络媒体技术和跨文化方面也都需要扩充和提升。因此，面对商务英语这种新型的应用性较强的交叉性学科教师知识结构上的缺损的状况，学校、二级学院应根据商务英语学科发展规划，在对本校商务英语学科教师的现状与潜力进行系统评估的基础上，充分利用校内外的各种资源，通过自行规划设计或与专业研究机构、研究人员合作的方式开展校本培训，是当前最经济、最便利、最直接和最有效的一种在职培训手段，能够促进教师教育教学能力和水平不断提高。商务英语教师校本培训具有很多优势和特点，具体如下。

1）针对性

商务英语学科还处于发展的初创时期，设立商务英语本科专业的学校层次不同，背景不同，发展水平都有不同。同时，作为个体的商务英语教师，每个人的情况也不完全相同，每个人在商务英语学科的智慧、能力、观念、个性与需求也不尽相同。校本培训以教师任职学校为中心，以教师为本，直接利用教师任职学校提供的各种信息来做培训的决策，注重解决本校教师教学实际工作中遇到的问题，更加适合学校的教育教学实际。学校或二级学院负责设计安排商务英语教师的在校、在职培训，培训的组织与设计，具有人本化和个性化的特征。同时学校在深入了解学员学习动态，掌握学员学习信息的情况下，能够给年轻教师创造平等、宽松、和谐的学习环境，充分发挥其主动性、积极性和创造性，不断学习，不断实践，不断创新。因此，商务英语校本培训具有较强的针对性，有利于教师发展，从而避免盲目开展培训项目，重形式而流于形式，使培训真正落到实处。商务英语校本培训的针对性具体表现在：

一是课程内容的针对性。学校或二级学院可以根据某一类商务英语教师普遍存在的问题，设立特定的专门培训项目，如跨文化商务交际知识的在职培训，或针对英语口语水平提高的培训项目等。培训内容正是参加培训教师的欠缺知识，完全符合参加培训教师的需求，具有很大的适切性。二是培训与学校的教育教学的真实情景相结合。每个学校都具有自己的定位、发展目标，商务英语校本培训项目可根据学校发展计划，与学校发展目标结合起来，组织校本培训项目。三是行业针对性。商务英语是与国际社会经济密切相关学科，社会经济、科技的发展都会反映其对应的行业中，因此，校本培训项目能够紧跟时代发展的需求，增加具有时代性的新内容。如，随着电子商务的发展，学校给商务英语开设电子商务培训课程，使教师能够及时将这些内容增加到自己的课堂教学中。

2）实践性

校本培训本身是从实践出发，为消除院校培养中理论与实践脱节的弊端产生的，是为解决实践中的具体问题而产生的教师教育模式，其立足点就在于实践，因此，以实践为导向是其重要特征。商务英语学科教学中有许多课题，可以用校本培训加以解决，在实践中设计和开发校内各种培训活动。原因在于：首先，商务英语校本培训的课程是根据学校所面临的实际需要和问题，为了提高教师教育工作的实践技能来设计和安排的。其二,商务英语校本培训的活动融合在教育教学实践中,校本培训的前提是教师没有脱离工作岗位,将培训工作与教学工作紧密联系,能及时地学以致用。比如,开设商务英语教师的"商学导论"的培训课程,以弥补来自英语背景教师对这方面知识的欠缺。在工作中学习、在学习中工作,学以致用。其三,培训结束后,对受训的商务英语教师的评价也是以能否胜任本门课的学生教学工作的行为标准和依据。其四,校本培训使得商务英语教育理论对教育实践更具指导性,校本培训在实施过程中要得到高层次的专家、学者等方面的支持与帮助,专家的理论知识与商务英语实践经验紧密结合,有利于教育实践在新理论的指导下发展。

3) *灵活性*

商务英语校本培训的主体是商务英语教师,目标是为了满足商务英语教学、科研等需求,其培训场所是教师工作的学校,具有很大的灵活性。

首先,在时间上具有灵活性,这一点特别重要。目前,各高校的商务英语教师都短缺,他们需要承担较重的教学和科研任务。如果外出学习,往往会和培训时间相冲突,既影响教学又影响培训效果。校本培训安排在学校内,学校根据目的及需要,教师可以适时安排。由于"校本培训"以教师任职地学校为接受培训场所,可进行持续而长久的校内培训,达到较好的培训效果。其二,在培训对象上也具有广泛的灵活性。学校可以针对不同教师背景、不同的需求,设立不同的校内培训项目。其三,培训设置上的灵活性。学校或二级学院根据商务英语学科教师的具体情况,设置各种不同类型的培训项目,可以是理论培训,可以是实践培训也可以是普通常识类的培训。校本培训时间上有更多的自主权和空间,安排便利,可以缓解工作、家庭和学习之间的矛盾。校本培训方式和内容较灵活,可以采用分散与集中相结合的方式。

4）全体性

传统的校外培训和进修由于时间、地点和经费的限制,大部分的学校只能把培训作为一种资格,奖励给少数教师,而大多数教师无缘享受这样的培训机会。而校本培训由于培训场所在教师工作的学校里,为商务英语教师提供很大的便利。他们可以通过学校、个人的协调很好地解决学习和工作的矛盾,上课和培训的矛盾,解决教师培训和教师教育机会的不均等的问题。因此,商务英语教师全员可以参加学校举办的校内各种类型和形式的培训项目和活动,极大地调动商务英语教师的学习积极性,形成一种全员参与的学习型集体,从而有力地推动商务英语教师素质和能力的发展,提升商务英语教育教学和人才培养的质量和效果。培训活动的涉及面广,教师任职学校积极参与培训的全过程,使全体教师经常处于一种终身教育的氛围之中,能使每个教师的教育教学能力、思维创新能力及职业道德水平得到不断提高。

全体性还体现在教师学习的全程性。商务英语校本培训以教师任职地学校为接受培训场所,可进行持续而长久的培训,达到较好的培训效果。同时,以学校为培训场所的商务英语培训,可以随时、随地按需进行,培训可以贯穿教师的教学全过程、和其教育教学的整个生涯,真正体现终身学习、终身发展的教育理念。

5）兼顾性

兼顾性体现在兼顾学校和个人的发展。商务英语校本培训在教师个人目标和本校教学工作进行分析和研究基础上制定学校的培训目标,因此,能够兼顾学校与个人目标。学校培训规划有长远的教师专业发展目标，也有具体的年度培训目标。培训坚持循序渐进，有重点，分阶段，分步骤。所制定发展目标，以学校需求为导向，与学校自身发展相协调，目标定位适中，不能过高，也不能过低。兼顾性还体现在兼顾到教师和学校的经济利益。

校本培训在商务英语教师所任职的学校进行，教师不脱岗参加培训，降低时间和精力的消耗，减轻学校和教师的负担，缓解了教师的工作与学习矛盾，从而大大节约成本。同时，由于各高校的学科背景、特色各有不同，学校在安排和设置商务英语培训项目时，可以根据其特长，充分利用原有的学校资源，如教学资源、教师资源、教室资源、物质资源、地方资源等等，实现学校、教师、学生共同受益、共同发展的目标。任职学校有效组织，受训教师积极参与，并将培训所获及时地加以实践。

总之，商务英语校本培训形式灵活，针对性、兼顾性强，理论与实践相结合，教学和科研相结合，学习与工作相结合，更能激发教师的参与热情，使教师培训更具活力和效益。它不仅能提升商务英语教师职业道德、教学能力、身心健康和科研能力等综合素质，更能最大限度地开发教师的潜能，提高教师自主学习新技术的能力和创新能力，成为一个主动的探索者和创造者，具有很强的实效性，是商务英语学科教师获得专业发展的重要机制。

6.3 商务英语教师校本培训发展形式

商务英语校本培训的专业发展有多种形式，下面从教师培训式、专业报告式和论坛发展式三个方面展开讨论。

6.3.1 课堂培训式

对于建设初期的商务英语学科和专业来说，由于目前商务英语教师的学科知识都有不足,课堂培训是最快捷、最经济的弥补知识缺失的有效途径。以往高校教师的课堂培训并没有蓬勃地开展起来,往往带着较强的外控性和强制性,表现出培训内容的理论化、培训组织的行政化和培训过程的形式化。作为商务英语的教师发展手段的课堂培训应从教师实际出发,注重其时效性。根据目前商务英语教师知识、能力、素养等情况特点,商务英语教师的课堂培训应具有以下几种形式。

1) 全员上岗培训

所谓商务英语教师全员课堂培训是指学校或学校的二级学院组织安排的课堂培训项目。商务英语在我国初建伊始,来自不同背景的教师需要进行全员上岗课堂培训,了解商务英语学科理念、内涵。同时,由于开设商务英语专业的各高校的背景、优势、地理位置、学校层次等存在差异,其商务英语专业培养的学生的未来职业岗位的目标定位也存在不同,学校通过全员课程培训统一商务英语教师对商务英语学科教学的认识,熟悉商务英语教育教学特征,掌握商务英语教学方法和技巧,为教师教学工作做好充分的准备。

其二,商务英语师资队伍建设中,教师是接受教育的对象和主体。全员上岗培训建立在教师了解商务英语的基础上,这种在职教育是商务英语教师提升个人职业素质的一种重要方式。

教师树立专业发展理念,更新教育观念,树立素质教育思想,确立专业发展计划,具有良好敬业精神和高尚的职业道德,努力使自己成为商务英语教学骨干、学科带头人。同时,将学校的教师教育和培训与教师自身的内在的发展结合起来,使商务英语教师专业发展的“必须学”与教师是主观的“我要学”相结合,最大限度发挥教师的发展的目的性、主动性、计划性和创造性。事实上,目前商务英语教师最急于解决的是其知识与能力结构不完整问题,因此,有志于从事商务英语教学的教师通过全员培训,根据自己的实际情况和发展方向制定学习和培训计划,以各种适合的方式来补充自己的商务英语知识,完善自己的知识结构,提升自己的专业知识素养。

全员培训属于岗前培训,要求每位教师根据自己的兴趣、特长和所教学科的情况,认真对前阶段培训进行自我评价,进而明确自己的发展方向。为了保证教师培训的顺利开展,全面提高教师素质,学校应不断加大教育经费的投入力度,建立和完善各种必要的教学设施,如多媒体创作室、多媒体电教室、电子备课室、语音室、微机室、等先进的培训设施。

2）教师个性化培训

我国传统的学校教师培训通常有“一刀切”的倾向,不管教师来源和实际情况,要求某个年龄段的教师必须全体参加,这样就会造成有积累和素养的教师时间、经济上面的浪费。开展商务英语教师个性化培训要注意这个问题。商务英语教师需要各方面的专业素质,如职业道德、教学技能、学科研究、普通文化、专业素养、学校文化,等等,这些都是教师专业发展的重要方向。而不同的教师,有不同的发展需要。课堂培训首先应根据教师的实际情况开展,应建立在了解教师的需求基础上,有针对性地设计不同形式和内容的培训活动。如根据商务英语教师的不同情况,定期邀请社会上水平较高的商务从业人员和商务理论知识扎实、商务操作技能良好、工作经验丰富的教师对缺少商务知识的教师进行集中培训,使学校的语言教师掌握商务基础知识和基本操作技能;对于从企业引进的人员,则在本校进行强化语言训练,提高其英语水平,教师可根据自己的实际情况,选择学校所提供的不同的培训课程。

其二,还可根据商务英语教师的职业成熟度来划分。美国学者通常把高校教师职业生涯分为五个基本阶段,即大学专任助理教授头三年;大学专任助理教授三年以上;副教授;正教授,离退休至少还有五年以上;正教授,距正式退休不超过五年。我国学界一般认为教师的职业成熟度分为三个时期:适应期、发展期和成熟期。不同时期的商务英语教师,具有不同的整体特点,需要考虑群体文化的特殊性,有针对性地开展校本培训,当然还要考虑教师从事商务英语教学和研究的时间和实践情况。对于适应期的教师,最主要的学习内容便是教学技能和职业道德,让他们适应大学教学,站稳讲台,其次便是学校文化和科学研究;而对于成熟期的教师来说,最主要的学习内容应该是高层次的学科研究与普通文化。另一方面,处在相同层次的教师,也有不同的个性化需求。例如,对于同样处于适应期的商务英语教师,有些虽然教龄较短,但是有些教师的商务教学技能已经比较成熟,而在商务英语教学研究方面还不够,因此,培训的重点就应该在科研能力的提高上,而没有必要花更多的时间让他们去学习教育教学技能。

总之,通过不同的培训课程,从不同方面发展商务英语教师专业知识、专业技能、专业情意和专业素养,实现商务英语教师的业务水平的有效提高。

培训的形式还有其他种类,学校可根据自身情况,创造性开展各种培训,以取得商务英语教师培训的最佳效果。

6.3.2　专业报告式

商务英语学科是一个动态发展的学科,它随着社会、经济、技术、文化等的发展而发展，作为培养商务英语人才的教师，需及时了解、掌握这些领域的发展动态，并将这些内容反映在教学活动以及科研活动中，才能跟上时代的发展和社会的进步。同时，随着教育改革的进展，教育教学理论也迅速发展，教师角色从简单的知识传授者，转变为学生学习的组织者、合作者、引导者、参与者和指导者。传统英语语言专业课程教学以掌握英语语言知识和技能为目标，而商务英语专业课程教学以培养学生商务实际和沟通能力为目标，是一个培养学生商务英语实践能力、创新思维能力、现代信息技术应用能力的综合体系。商务英语课堂不仅是教师传授知识技能的场所，还是注重学生知识与能力、过程与方法、情感态度与价值观等多维度发展阵地。

商务英语前瞻性的理论和前言动态发展状况是支持商务英语教育教学的重要理论基础。而听取专业报告是商务英语教师了解国际商务和商务英语发展趋势和动态的有效途径。运用专业报告形式，从国内外邀请到国际商务前沿领袖人物，如全球前五百强集团、国内著名企业的相关领军人物，或相关部门的主管，做有关国际商务前沿发展的专业报告。同时，专业报告还可邀请国内外的高等院校、研究机构做商务英语和商务英语学科研究的专家、学者，他们从学术角度上把握商务英语研究趋势，对商务英语学科具有高瞻远瞩的见识和理念。专家学者或领袖集团、主管领导做报告，往往会因报告者的权威作用、教师的崇拜心理使学习新理论、尝试新方法达到事半功倍的效果。例如，邀请全国商务英语学会会长、学会专家做关于商务英语学科在中国的发展态势的报告，邀请欧洲商学院著名学者做商务英语话语分析报告等。

商务英语教师专业报告式的校本培训利用社会专家、学者资源，使教师专业发展与社会紧密结合，是打开商务英语教师的专业视野提升其专业素质的重要手段之一。

6.3.3　论坛发展式

当前为配合国家教育教学改革的精神，许多高校致力于推动教师发展论坛，促进教师专业知识、专业能力、专业情意等方面素质的提升，促进人才培养质量的提高。根据商务英语学科和专业特征，商务英语教师专业发展论坛可采用以下形式。

1）基于商务英语二级学院或商务英语系的教师发展论坛

二级学院或者商务英语系是学校教学、科研的基本单位，是落实学校教学目标的具体实施单位，其中的商务英语教师是教育教学的主体。因此，二级学院或商务英语系最了解学科、专业人员的具体、实际情况和存在问题，二级学院或商务英语系发起的教学论坛，最具针对性。二级学院或商务英语系，根据自身商务英语学科的需要，采取学术沙龙形式，进行讨论和交流，以解决商务英语教学和可能出现的问题。二级学院或商务英语系的商务英语教师专业发展论坛的主题可以是直接来自于教学一线的典型问题、实际问题，如商务英语阅读教学中如何处理商务知识背景问题，可由几位资深商务英语阅读教师做主题发言，演示其教学过程，交流心得体会，以提高教师的学科专业知识为基本目的。基于二级学院或商务英语系的商务英语教师发展论坛的主题宜小不宜大，每次确立一个相关问题，做到能够形成一个共识，解决一个问题。这种论坛方式也可以理解为二级学院或商务英语系的学术或教学例会。

基于商务英语二级学院或商务英语系的教师发展论坛，对商务英语教学具有高的实际应用价值。教师通过定期的沟通、交流、讨论，及时处理教学中出现问题，使商务英语教学顺利进行。同时，定期的教学发展论坛，不断积累和沉淀，形成了该学院或系的商务英语教学模式，进而形成该学院的商务英语学科特色。再者，由商务英语系本身设计、推出的教师发展论坛，鼓励教师积极参与，推出高质量的商务英语讲座，教师发挥创造性，增加了商务英语教学和学术氛围，对新兴的商务英语学科来说意义重大。

2）基于商务英语新进教师的发展论坛

商务英语学科建立时间不长，新进教师较多，而新进教师大多是初入商务英语教学。除了全员上岗培训外，单独设立以青年教师为主体的发展论坛有助于商务英语新进教师的专业发展。商务英语新进教师青年发展论坛由青年教师以及一至两个资深教师组成，培训的模式可参照基于商务英语二级学院或商务英语系的教师发展论坛。但是这个论坛的主体是新进教师，这样有利于营造一个轻松的环境，减少新进教师与专家、资深教师交流时产生的焦虑感、紧张感和压力感。新进教师发展论坛，每一期也同样设立一个主题，一般来说都是关于初入商务英语教师行业的基本问题，如何提高商务英语教学信念、商务英语教师专业责任等问题。论坛要求新进教师就所确立的主题发言，在新进教师充分交流、各抒己见的基础上，资深教师可以在最后进行解惑、点拨，提高新进教师对所探讨的问题的深层次理解和高层次的认识。

基于商务英语新进教师的商务英语发展论坛，聚焦新进教师，聚焦新进教师的专业发展问题，具体问题具体对待，有利于增强新进教师的主人翁意识，极大提高新进教师的教学积极性，从而树立坚定的商务英语专业思想，为后续的发展奠定坚实的基础。

3）基于学校的商务英语教师发展论坛

所谓基于学校的模式，就是指在全校范围内，由学校的相关职能部门请校内某些优秀教师面向全校教师开设各种形式的讲座，并开展交流与讨论。事实上，从一定角度来说，这属于学校培训的范畴。但是，这种论坛以互动、交流为主要形式。例如，结合每年一度优秀教师的评选，校教师主管部门请校内外优秀教师根据自身的优势谈成长历程与经验；结合每年一度青年教师讲课比赛，教务主管部门可以请商务英语教学获胜者交流教学技巧与体会。只有这样，才能起到激励先进和引导后进的作用，形成良好的学术文化氛围。

基于学校的商务英语教师发展论坛从学校层面提升商务英语教师对商务英语专业的信念、情意、知识、能力结构，能够有效地促进商务英语师资队伍的建设与发展。

4）因特网技术的商务英语教师发展论坛

20 世纪 80 年代网络技术为教育教学提供了技术支持，从远程教育开始，发展到应用计算机网络和多媒体技术教育、基于 Web 的教学和网络学习（E - learning）。因特网技术发展也为商务英语教师专业发展提供强大的平台。所谓基于学校的商务英语教师发展论坛是指在校园网上开设教师发展论坛，选定论坛坛主，有计划地开展全校教师大讨论，交流教学经验，探讨学术人生，进行教学反思，促进教师专业能力的持续发展。

基于因特网技术的商务英语教师发展论坛具有开放性，全体商务英语教师参与其中，教师在论坛中可以畅所欲言，发表自己的见解和看法。教师可以随时随地参加论坛，不受时间限制，增加了论坛的便利性。同时，论坛能够更好地传承和宣传学校文化、二级学院文化和商务英语文化。利用因特网开展教师发展论坛,促进教师专业发展,是商务英语教师专业化的一条新途径,可使商务英语教师专业发展上升到更高达层次。

6.4 商务英语教师校本培训发展方法

第三节重点分析了商务英语教师的几种有效培训的形式,在本节中将依据商务英语学科特点,集中探讨行之有效的商务英语教师培训模式。

6.4.1 微格培训方法

微格教学由20世纪60年代美国斯坦福大学学者创立,是在教育改革的浪潮中,随着现代科技和教学理念的发展,应运而生的一种教师培训方法,被誉为“20世纪师范教育中最有影响的创新之一”。微格教学在20世纪80年代中期引入我国,成为我国教育教学、教师培养的重要方法。

1) 微格教学定义

微格教学(microteaching),又称微型教学、微观教学、小型教学,它以近代认识论为哲学基础,以行为主义心理学为学习理论基础,运用教学理论、视听理论和技术,将教师教学能力的培养置于可控制的条件下,被视为一个个具体教学技能的训练与修正的过程,以期实现教学理论向教学实践的转化。“它是一种缩小了的,可控制的教学环境,它使准备成为或已是教师的人有可能集中掌握某一特定的教学技能和教学内容”(刘水平,2005),是一种把复杂的教学行为过程分解为许多容易掌握的单一技能,并对每一项技能提出训练目标,以用比较短的时间对师范生或在职教师的教学技能进行反复训练的一种方法。

具体来说,它提供了一个具有摄录像功能的训练环境,把复杂的、综合的课堂教学分解成一些教学片断,使复杂的、综合的、受多种因素制约的教学技能的培养,变成有清晰目标、可描述、可观察的、可操作的单一教学技能的演练。

2）商务英语教师微格培训特点

商务英语是新兴的学科,教师大多来源于非商务英语专业、非商务英语师范方向专业,没有经过商务英语教学的系统训练。而从社会商务一线转而从事商务英语教学工作的老师,其教学知识与技能完全是空白。微格培训优势恰恰在于训练教师的教学技能,帮助教师改进教学的手段和教学方法,对商务英语教师的教学技能培养和发展十分必要。具体来说,有如下几点:

第一,商务英语教师微格培训目的明确。由于采用微型课堂的形式进行实践教学,教师观看示范录像,写教案,然后进行试讲。教师培训可以聚焦商务英语某一技能展开的专门培训和练习,因而,培训重点突出,目标明确。同时,培训中,培训班级人数少,有利于受训教师将其精力集中放在重点上,进行反复直至比较成熟,这样一方面节省了训练时间,另一方面也有利于教学技能的形成,利于学生教学技能水平的整体提高,从而起到事半功倍的培训效果。

第二,理论与实践相结合。商务英语教师虽来自不同的背景,但通过以前的学历培训和岗前培训等,对教育教学理论有了一定的了解,师范生则学习过相当量的教育教学理论。在掌握理论知识之后,不仅需要通过实践来证实,而且实践可以反作用于理论,指导理论的深化学习。通过微格培训,商务英语教师将所学理论应用到实际课堂操作中,为以后教学活动的展开打下更坚实的基础。

第三,教师全面参与。微课培训课堂规模小,全体参训教师要登台授课,以此展现自己对有关教学技能的掌握情况,并让自己感受作为一名教师的真实体验。另外教师又可以以学生的身份学习他人精湛的授课技巧,以及参与对教学实效的自评和他评,达到教学相长、共同提高的目的。面对面地进行微格教学,就像在教室里上课一样,走上讲台即是教师,展示自己的教学水平;走下讲台,身份发生了转换,作为学生,听取老师和同学对自己的评价。

第四,反馈、评价及时。受训教师展示我年后,商务英语微课培训指导教师可以在第一时间对受训教师的微课教学进行讲评和评价。教师对自己刚刚进行的微课教学印象深刻,因此能够更加清晰地理解指导教师的讲解和评课,提高受训效率。

第五,教学过程声像化,反馈客观及时。能够利用声像设备是微格训练的一个最大优势,它能记录下学生上课的所有情形,使教师课后有机会展开反复的分析和研讨。另外,教师也能利用录音、录像的存储功能及时地获得训练中的反馈情况,通过一段时间的反复听和看,可以实现经常性延时反馈,并强化各项教学技能,从而提高教学实效。

第六,发挥受训教师的创造性。微格培训时受训教师心理压力相对较小,更利于教师发挥出自己的正常水平。模拟的教学实践环境有助于缓解训练者的心理压力,使教师能够比较自然、顺利地实现从学生到初任教师的转变,使其课堂教学的基本技能、技巧得到系统的锻炼和培养。同时,微格教学是教学技能的训练,并非正式上课,所以如果学生有什么新的想法或者是大胆的创意,可以立即实施并听取老师和同学的反馈,形成一种充满创造性的教学技能培训环境。

总之，商务英语教师微格培训，以综合商务英语课程知识、能力为重点，发挥指导教师引导、启发、监控教学过程的主导作用，充分体现受训教师作为学习过程主体的生动性、积极性和创造性，有利于教学论和教育研究的科学化。实践中，复杂的教学技能在微格教学训练下能迅速简化，教师在特定的环境下进行商务英语微格训练，能够集中精力反复演练多项单一技能，在开始时训练基本的教学技能，并在观察、模仿和操作训练等基础上再全面提升商务英语教师的教学技能。

3）商务英语教师微格培训步骤

教学模式是指在一定的教学思想或理论指引下，围绕着教学活动中的特定主题，形成相对稳定的教学活动框架和活动程序。多年的实践表明，微格教学已经形成了一定的教学模式。为使模式中各项内容执行准确、到位，应当遵循一定的微格教学模式，同时发挥教师主导和学生主体的双重功效。商务英语教师微格培训分为以下几个步骤：

（1）微格教学理论研究

微格教学是在现代教育理念指引下对教师教学技能培训的特定实践活动。因此，微格培训之前，培训教师应首先学习教育理论、语言教育理论以及商务英语教育理论，这是受训教师必须具备的基础知识，也是微格培训的基础。系统的教学理论知识，如学目标分类、教学技能分类、现代教学媒体的应用、课堂教学设计、课堂教学观察方法、教材分析、教学评价等内容的研究和学习，使受训教师具有一定的认知结构，掌握必备的微格教学理论，理论指导行动，这样才能使商务英语教师的微格培训有的放矢，从而有利于微格培训效果的提高。

（2）确定培训技能

商务英语教师上课技能分为各种不同的教学技能，如课堂教学的导入技能、课堂组织技能、提问技能、练习技能、商务知识讲解技能、商务英语语言技能、演示技能、结束技能和板书技能等。首先要让受训教师了解各种技能的含义、类型、结构、实施要点等，并能运用掌握的教学技能进行完整的教学活动。选定了培训技能后，为了使培训者对训练的技能有所了解，在培训前把训练的要求和目的提前告知受训者，并通过录像、训练材料或特定角色扮演等方法对所要训练的技能进行示范，以此增强他们培训的目的性和效果。

（3）提供技能示范

生动形象、有趣规范的教学录像和教师能够大大增强受培训者对所训练技能的感性认识，同时激发受训教师模仿学习的兴趣。指导教师利用录像或真实教师进行示范。示范可以是优秀的典型，也可以是问题的典型。观摩可以使参加微格教学培训的学生得到极大的启发，使受培训教师知道哪些典型的毛病应该避免，什么样的课才算是优质课，便于他们对商务英语教学技能进行感知、理解和分析。在观摩微格录像过程中，指导教师应根据实际情况作必要的提示、指导，可以用暂停、快进、重放等着重说明需要注意的内容。为了保持示范过程的连贯性，指导教师的提示、说明要尽量做到准确、及时、简洁以及恰到好处。受训教师示范授课之后，指导教师也应对示范教师的授课亮点进行点评，有时，也用反面示范，重点是教师要点明存在问题，其弊端和危害，以避免模仿。

（4）进行微格教学实践

商务英语微格教学实践分两步：一是编写教案；二是具体微

格教学课堂实践。教案是为组织课堂教学而设计的具体方案，它是教师课堂授课的依据和指南，是教师备课的主要环节，是完成教学任务的根本保证。受训教师针对自己需要演练的技能，结合本学科教学内容、教学对象，设计教学程序，编写微格教案。与普通教案相比，微格教案更加精确，它要准确地计算时间，详细说明教师的教学具体行为、学生学习行为，以及具体的教学工具和教学媒体等。商务英语专业不同的课程教学要求不同，特点不同。因此，在进行微格教学实践之前，教师应充分备好微格课程的每一分钟。

在编写微格教案之后，商务英语教师转入微格具体教学实践过程。微格教学是课堂教学的模拟，是微格教学训练的重要环节，指导教师在实习中的重要作用十分重要。讲课的受训教师和其余受训教师分别模拟教师和学生。受训教师讲授一节课的某一环节，如商务英语阅读课程导入环节。受训教师首先对授课内容和技能做个说明，阐明自己的训练的技能、内容、教学设计思路和意图。一般来说，讲课 10 至 15 分钟，授课过程全程录像，以备后面评价之用。

（5）反馈、评价、修正微格教学实践

准确、及时的教学反馈和评价是商务英语微课培训的关键和核心，对提高商务英语教学具有明显的促进作用。在对教学过程反馈评价之前，指导教师要确定合理的评价方式，同时制定科学具体的评价指标体系。为了使受训者及时地获得反馈信息，指导教师需要多次重放录像供大家讨论研究。受训教师看过自己的微格教学录像后，要进行自我分析，即检查教学过程中是否掌握了所培训的教学技能、是否达到了自己所预设的目标，以明确改进的方向，对自己的教学做出评价。微格教学培训指导教师或同事要对受训教师教学过程给予分析、进行恰当评价和反馈。这个过程,培训指导者可指导学生运用一定的评价技术,及时准确地给予每位受训者反馈信息。这个环节十分重要,要落到实处,而不能流于形式,否则,不能得到改进意见和建议,前面的工作还是无的放矢。

在充分评价和反馈结果的基础上,将授课教师的录像和表现与优秀的教学示范录像进行对照,受训教师能够及时知晓自己的教学行为,看到不规范程序、不恰当的表达和动作时,都会令其留下深刻的印象,并努力去改正。再进行小组讨论,吸收其他同伴的意见后修改教案。然后,受训教师修正教案,进行模拟课堂授课。

通过教学设计分析、课堂实录回放、同行提问、同行切磋、集体设计、专家指导严格训练,商务英语教师,特别是新进教师以及教育教学训练缺乏的商务英语教师认识到自己在把握教材、教学技巧、教学方法以及课堂控制等方面的差距,从而有效地提高了课堂教学技能,优化自己的教学过程,快速走向成熟。

6.4.2 案例分析培训方法

商务英语教师案例分析培训源于美国哈佛著名的案例教学法,它借鉴案例教学法的理论与实践,将其移植到商务英语教师培训中。从教学案例描述的教学实践中探寻方法,总结得失,寻找理论支撑,使之成为自己或他人借鉴经验的一种培训方法。

1)案例教学法概念

案例教学法(Case Study)最早由19世纪70年代美国哈佛大学法学院院长郎戴尔(C. C. Langdell)引入法律教育教学,他强调了案例教学法对学生学习和掌握知识的重要性,确立案例教学方法。后来,到 20 世纪初,案例教学法被广泛应用于哈佛大学的法律教学和工商管理硕士等专业教育领域的教学,用来教授业务实践中的重要思想、技能及内在原理,成为举世闻名的“哈佛教学模式”的一大特色和内涵。此后,案例教学法风靡全球,被认为是代表未来教育方向的成功教育模式,应用于大学很多学科的教育教学中。

所谓案例教学法就是指利用以真实的事件为基础所撰写的案例进行课堂教学的过程。其中,案例是一种以真实情节为背景的,对某一个或几个有意义事件的综合描述,并借助于图表、照片、计算机等辅助手段,使人能从中得到某种启示的例证(张巍、王茹,1999)。案例教学法通过让学生针对案例充分表达自己的见解,以达到一种高层次认知学习的目标。

简言之,案例教学法就是利用案例作为教学媒介的一种教学方法,在教师的精心设计和指导下,根据教学内容和学生实际情况及教学目的、要求,运用典型案例进行深入讨论和分析,以提高教学效果的一种教学方法。

我国于 20 世纪 80 年代开始引入案例教学,引进初期,主要用于部分实践性、应用性较强的工商管理、法学、医学、国际商务等学科领域。但随着案例教学的普及以及其良好的应用效果,逐渐推广至许多学科的教学中。

2) 商务英语教师培训案例教学特点

从总体上来说,案例教学的实质是一种创新性的教学实践,案例教学是一种教学思想和观念的更新,是一种新的课堂教学结构和新的学习方式,其目的是使学习者学会探索知识形成过程的规律,发展并不断完善知识体系,培养学习者的综合能力,提高学习者的全面素质。

商务英语案例教学法以个体或特殊团体为研究对象,注重个体的研究,注重客观性。案例表述的事例涉及到实际情景中的一个问题。案例研究的对象,针对单一个体,分析个案问题需考虑许多变项,不仅探讨目前存在的问题,而且探讨目前问题的来龙去脉。案例教学法从实际中以多元方法收集个案资料,包含足够的信息,如案例中所涉及的组织、情景和人员。个案研究分析要采取纯粹客观的态度,透过相关资料之收集与分析,深入了解想要探讨的问题,并找出全方位的问题解决方案。

商务英语案例教学法是一种启发学习者研究实际问题,注重学习者智力开发及能力培养的现代教学方法,它鼓励学习者找出问题的原因,并提出问题解决的对策,深入探讨问题或议题,总结出重大发现,并以此作为接下来行动的依据。案例分析对若干可能的解决方案进行评价,既讨论方案的优点,也讨论方案的不足。教师通过案例学习,学会在一个特定情况下,如何进行分析和做出不同的选择。因此,可提高学习者分析问题并做出正确决策的能力。

商务英语案例教学法启发学习者的积极性。在注重沟通与协调的案例教学法中,学习者是一个积极的参与者和行动者,学习者在教师的引导下,运用掌握的理论知识,分析、思考和共同讨论案例中的各种疑难情节,逐步形成具有各自特点的解决方案。教学中教师不仅要善于创造一种求知的共同基础,而且要通过各种活动,把学习者与自己都推向新的创造性的方向。案例教学法在真实的背景下,研究案例的现象,涉及理论学习、典型事例剖析、策略、思维习惯训练、想象力训练等,案例来源于真实的情景,多数涉及思想观念、问题解决、心理冲突等,案例教学的最终测评依赖于学习者对案例中所涉及的决策、解决问题方法等的运用,它不以卷面测试为唯一形式,而是涵盖个人准备的情况以及小组讨论、全体讨论参与程度等。案例教学法在商务英语教师培训中,无论对受训教师的商务英语本体知识与能力,还是其商务英语操作能力的提高都是行之有效的方法,具有显著的优势。

商务英语作为应用型语言和功能型语言的共同载体,具有交互性和实践性的专业特点,其教学涉及国际贸易、国际金融、进出口业务、国际商法,涉外财会、国际物流、国际营销等多个领域,这一特殊性决定了教师在教学中既要注重对学生英语语言能力的培养,同时还应重视强化学生的商务专业技能。而源自于哈佛商学院的案例教学法是一种理论联系实际的、启发式的、教学相长的教学过程(郑金洲,2000),它注重学习者独立分析能力和团队合作精神,其目的在于充分发挥学习者主观能动性,最大限度地催发学习者解决实际问题的能力。根据商务英语教学内容的较强实践性、应用性及商务专业技能的培养目标,案例教学法均可以在商务英语教学中进行运用和实践,并应使之成为在商务英语教学中不可或缺的一种教学方法。

作为一种启发式教学方式,案例教学的有效性体现了实践性、交互性、开放性、自主性、仿真性。

第一,案例教学法的探索性教学,能够更好地针对商务英语教学的特点,满足商务英语学科对教师综合能力与素质的需求。因为,商务英语案例教学法以案例为媒介,重视探究,学习者是建构知识和发展能力的主体,它将英语语言理论知识、商务理论知识与实际情景和实务相结合,促进其对理论知识、概念、技巧的连接,强化学生语言运用能力,促进受训教师商务知识和技能的掌握,实现商务与英语的完美结合。

第二,案例的本质是科际整合的,是对心理的、社会的和人类的细微观察和探究,对案例的研究与分析能够使商务英语教师了解最新商务英语实践内容,培养教师的商务英语和商务实践的行为能力,促进教师积极思维,发展其判断、分析、应变等解决问题综合的能力,全面提升商务英语教师的综合素质。同时,该方法由于有探究式问题背景的设置,有助于引发和提升商务英语教师的专业情意,使其能够发展自我概念、价值等,引导自己进行抉择,完成整合性案例的分析。

第三,案例教学实际上为商务英语受训教师提供了一个模拟的商务实践环境,有利于受训教师对国际商务技能的训练,对其的判断能力、抉择能力、综合素质等高层次实践能力的培养和提高大有脾益。

3) 商务英语教师案例培训

商务英语教师案例培训有三个层面,一是案例教学式培训,二是案例分析式培训,三是案例研究式培训,分别指向商务英语教师的商务英语本体知识结构、商务英语操作技能和商务英语综合素质的提高。

(1) 案例教学式培训

案例教学式培训是指在商务英语教师培训中运用案例法教学,提升受训商务英语教师的商务英语知识能力。在商务英语教师培训中,案例培训一般包括以下三个环节:

第一,案例前阶段。案例前阶段也是案例的准备阶段。案例的选择很大程度上决定教学的成功与否。案例首先必须要具有真实性,但"真实性"并不代表是对于真实事件的描述。一般来说,材料能反映现实问题,那么它就可以被称作是案例。教师应熟悉案例的内容和各项细节,了解案例所涉及到的专业知识。

最佳案例一般是能够直接反映真实公司、企业等国际商务各领域所面临的现实情况，而且案例应随着客观事物的变化和时间的推移而对内容有所变动。受训教师在处理动态案例的过程中，同时关注现实中该公司所采取的行动、形势的变化和其他各种变化因素，实现最大限度的参与。案例也可以是一些静态的，由培训教师根据公司实际情况和情景，为教学而撰写的案例。在提供案例材料的同时，还需要根据探究性原则设计若干个案例问题，引发受训教师思考，进行探究学习。问题的设计至关重要，要与相关的商务知识紧密联系。

第二，案例中阶段。首先，以组为单位，在阅读完案例材料后，以具体问题为引导，小组成员协作，通过各种渠道搜集资料，如互联网等，交流信息，并加深对知识的能动建构，并形成解决问题的方案。在这一“动态”教学中，受训教师与指导教师之间会有大量的互动活动。指导教师起到的作用不再是传达知识，而是确保所有的受训教师都积极参与，鼓励他们阐述自己的观点，发掘学习潜能，并指出可供辩论的问题。应要求并鼓励受训教师用英语交流与讨论所涉及的话题。为了帮助学生自如表达，教师还可以在学生讨论之前为其提供有用的英语表达词汇或句式，并且在讨论过程中给予适当的指导、帮助和监督。受训教师语言知识与技能、商务知识和商务技能的操作能力都得到了提高。

第三，案例后阶段。这个阶段包括两个内容，一个是案例总结阶段，另一个是撰写案例报告阶段。案例总结阶段主要由教师主持开展，针对受训教师在阐述过程中提出的问题予以解答，并对遗漏或需要强调的内容加以总结。指导教师根据案例成果进行总结，导出本课重点内容，有时可引发更深入的讨论，从而强化对关键术语的理解和对商务知识的掌握。受训教师也可进行自我评价和互评,这个过程能够使受训教师反思个人的学习过程,分析使用的方法和策略,增强其的策略意识,提高其策略的运用能力。撰写案例报告环节是教师最终的成果最终产出阶段,受训教师在小组案例分析及指导教师点评的基础上,对案例进行个性的进一步分析、总结、反思,撰写个人的案例分析报告。

(2)案例分析式培训

案例分析式培训是指运用案例,进行深入剖析,以达到提升商务英语受训教师的教学操作能力,亦即教学能力,提高教师的教学专业技能。案例分析式培训是从教学案例描述的教学实践中探寻方法,总结得失,寻找理论支撑,使之成为自己或他人借鉴的经验的一种培训模式。

选择合适的具有真实性、典型性、浓缩性和启发性的案例,是案例分析式培训的基础。培训所使用的教学案例可来自受训商务英语教师的教学实践,也可是指导教师的教学案例,亦可是摘自期刊上的案例。教学案例的选择指向教师专业能力发展中的带有共性的典型的问题。案例研究重点不是课堂教学本身的教学知识,而是选取案例,分析别人和受训教师的专业成长的阶梯。在案例分析时应提倡各抒己见,让每一位受训教师畅所欲言,努力创设一种平等、互助、友好的交流氛围,让教师们在这样的氛围中相互质疑、相互启发。许多新思想、新灵感就会不断地激发、碰撞、裂变、融合,使问题迎刃而解。事实上,这种分析、剖析式的培训也可以理解成另一种形式的教学研讨,只是在案例选取上更加严谨,科学性更强。教学案例分析启发性强,用时少,形式简单,易于操作,通过案例分析,受训教师根据自己教学情况,举一反三,从而提升自己的教学认知能力、教学操作能力和教学监控能力。

(3) 案例研究式培训

案例研究式培训是指通过培训商务英语教师撰写案例,提高其商务英语教学的综合能力。这是案例式培训的最高层面。

案例研究式培训首先应对受训商务英语教师进行有关"案例研究"知识的培训,使教师明确什么是教育案例,如何撰写教育案例。在此基础上,要求教师撰写教育案例,鼓励教师在案例中写出自己的思考和困惑。如,关于小组合作的问题、课堂设问的问题。围绕这些问题,组织教师讲自己是怎样组织小组合作学习的,遇到和思考了哪些问题,是如何解决的,还有什么困惑等。确立小组如何划分、角色如何分配、如何确立小组合作的任务、如何指导学生进行小组合作学习、如何评价小组学习的效果等系列研究主题。每次案例研讨,均从受训教师讲解真实案例引入,其他教师讲述自己遇到类似问题是如何处理的,形成一种头脑风暴,而指导教师从中提取并记录有价值的观点,同时记录问题,为教师进一步学习和后续的研讨提供线索。在案例研究的同时,受训教师将自己的新思考转变为具体的课堂教学行为,并在实践中继续积累新的案例。最后将系列案例研究的过程写成文本。这是从问题入手,在真实的情境中使教师思考、交流,并将所思、所得转化为教学行为的培训方式。

案例研究式培训实际上是培训与研究相结合的方式。案例研究式培训立足教师教学岗位实际,设计生动活泼,实践性强,有利于教师自主发展的新的培训模式,将培训与研究融合起来,才能发挥商务英语教师的主观能动性,从而从根本上促进商务英语教师专业发展。

参考文献

Ari Antikainen, Jarmo Houtsonen, Hannu Huotelin, Juha Kauppila. 1996. Living in a Learning Society: Life – Histories, Identities and Education [M]. The Falmer Press, London, Washington, D. C.

Ellis, M. & Johnson, C. 2002. Teaching Business English [M]. Shanghai: Shanghai Foreign Language Education Press.

Krashen, S. 1982. Principles and Practice in Second Language Acquisition [M]. Oxford: Pergamon.

Lengrad, P. 1975. An Introduction to Lifelong Education [M]. London: Croom Helm.

Rao, Digumarti Bhaskar. 1997. Education for the 21st Century [M]. New Delhi: Discovery Publising House.

Robert, J. Seidel, Paul, R. Chatelier. 1994. Learning Without Boundaries [M]. Plenum Press New York and London, Published in Cooperation With NATO Defense Research Group.

Senge, P, M. 1990. The Fifth Discippline. The Art and Practice of the Learning Organization, London: Randow House.

The Henley Centre. 1996/97. Planning for Social Change [M].

Widdowson H G. 1999. Teaching Language as Communication [M]. Shanghai: Shanghai Foreign Language Eduction Press.

Wassmermann, S. 1994. Introduction to Case Method Teaching: A Guide to the Galaxy [M]. New York: Teachers College. Columbia University.

Willis, Marion & Burner, Robert L. 1997. Psychology for Language Teachers: a Constructivist Approach [M]. Cambridge: Cambridge University Press.

保罗·朗格朗,1985. 终身教育引论[M]. 周南照,译. 北京:中国对外翻译出版公司.

圣吉,彼得. 2001. 第五项修炼导读[M]. 张声雄,译. 上海:上海三联书店.

鲍文. 2009. 国际商务英语学科论[M]. 北京:国防工业出版社.

陈静. 2003. 校本培训探析[J]. 云南教育(5).

程智,梁瑞仪. 2009. 教师专业发展与现代教育技术教师校本培训研究述评[M]. 广州:暨南大学出版社.

代蕊华. 2011. 教师专业发展与小本培训[J]. 北京:教育科学出版社.

付八军. 2009. 教师校本培训研究述评[J]. 井冈山学院学报.(综合版)(3).

付八军. 2010. 高校教师校本培训的四种有效模式[J]. 教育与考试(1).

高志敏. 2005. 终身教育、终身学习与学习化社会[M]. 上海:华东师范大学出版社.

黄爱玲. 2003. 现代管理心理学理论与实践[M]. 福州:海风出版社.

何华伟. 2004. 校本培训理论述评[J]. 扬州大学学报(1).

何威. 1999. 哈佛商学院与案例教学法[J]. 管理案例教学研究.

蒋明珠. 2006. 校本培训模式实践初探[J]. 全球教育展望(7).

雷朝滋. 2003. 确立科研在大学发展中的特殊重要地位[J]. 中国高等教育(17).

李军. 2003. 英国教师校本培训概况及动向[J]. 教育科学研究(7-8).

联合国教科文组织. 1996. 学会生存——教育世界的今天和明天[M]. 北京:教育科学出版社.

刘白玉. 2006. 商务英语教学改革研究[J]. 扬州大学学报(人文社会科学版)(3).

刘国皇. 2009. 教师专业发展视域下的高校师范生微格教学实践探析[J]. 成都大学学报(教育科学版)(1).

刘佳春. 2011. 论微格教学模式,促进教师专业发展[J]. 内蒙古师范大学学报(教育科学版)(8).

刘双. 2003. "案例教学"若干问题的辩析[J]. 教学与管理(6).

刘水平. 2005. 微格教学理论与实践[M]. 呼和浩特:远方出版社.

莫晓东,顾通达. 1999. 浅谈教师继续教育的"校本"模式[J]. 高等师范教育研究(2).

欧阳霞,谢晓晖. 2011. 校本培训:高校青年教师队伍建设的有效模式[J]. 中国电力教育(26).

寇尚乾. 2012. 高校教师校本培训模式探讨[J]. 四川文理学院学报(7).

孙爱东. 2008. 高校教师校本培训新理念的建构[J]. 教育与职业(3).

史晓燕. 2003. 发展性教师评价——教师校本培训的有效模式[J]. 教育管理与科研(9).

舒尔曼. 2007. 教师教育中的案例教学法[M]. 郅庭瑾,主译. 上海:华东师范大学出版社.

汤幼平,周曙光. 2010. 案例教学法应用研究[J]. 四川教育学院学报(1).

王宝萍,邹梅. 2001. 论终身教育与终身学习 J]. 中国成人教育(12).

王建鸣,陈剑光. 2003. 探索校本培训模式 构筑教师发展平台[J]. 继续教育研究(4).

王鲁男,段靖. 2010. 商务英语教学中案例教学法的应用[J]. 外国语文(4).

王少非. 2001. 校本教师教育的国际经验及其对我们的启示[J]. 全球教育展望(7).

王卫东. 2007. 教师专业发展新探——若凡理论的阐释与辨析[M]. 广州:暨南大 学出版社.

汪振海,张东慧. 2000. 微格教学法在教学技能培训中的应用[J]. 电化教育研究(3).

吴志敏. 2011. 微格教学——提升师范生技能的有效路径[J]. 长春理工大学学报2).

吴遵民. 2007. 新版现代国际终身教育论[M]. 北京: 中国人民大学出版社.

熊焰,刘良华. 2004. 促进教师专业化的小本培训研究[J]. 中国教育学刊(11).

徐学红. 2003. 校本培训: 学校可持续发展的绿色平台[J]. 人民教育(11).

叶澜,郑金洲,等. 2003. 学校教育研究方法[M]. 北京: 教育科学出版社.

叶兴国. 2008. 新形势下的商务英语教学与研究[C]. 上海:上海外语教育出版社.

叶忠海. 2007. 终身学习研究[M]. 北京: 高等教育出版社.

尹芳. 2008. 对高校师范生微格教学训练实效性的反思[J]. 成都大学学报(教育科学版)(10).

余维文. 2000. 发挥校本培训功能的思考[J]. 广西教育(7-8).

于德勋. 2008. 校本培训的特点及主要模式探析[J]. 成人教育(9).

于凤霞,温承革. 2007. 学习型组织——西方学者研究综述[J]. 陕西财经大学学报(4).

张民杰. 2006. 案例教学法——理论与务实[M]. 北京: 九州出版社.

张丰. 2003. 校本培训: 改革教师业务学习方式的新机制[J]. 教育发展研究(1).

张国胜. 2001. 校本培训——继续教育模式的创新[J]. 教育探索(11).

张乐,陶志琼. 2006. 国内外教师校本培训比较研究及其评析[J]. 内蒙古师范大学学报(6).

张润萍,张向利,叶进. 2004. 案例教学法积极运用 [J]. 桂林电子工业学院学报(8).

张巍,王茹. 1999. MBA 案例教学初探[J]. 南开管理评论(1).

张维迎. 2004. 大学的逻辑[M]. 北京:北京大学出版社.

张卫红. 2007. 终身教育与终身学习[J]. 成人高等学刊(4).

赵虎. 2009. 基于校本的地方高校青年教师培训策略探讨[J]. 社科纵谈(9).

赵中建. 2003. 全球教育发展的热点——90 年代来自联合国教科文组织的报告[M]. 北京: 教育科学出版社.

郑金洲. 2000. 案例教学指南[M]. 上海:华东师范大学出版社.

周月朗. 2006. 高校教师校本培训的缺失与重建[J]. 湖南社会科学(3).

朱明. 2007. 学习型组织理论及其对教育的启示[J]. 教育研究与实验,2009(9). 上海:华东师范大学出版社.

第 7 章

››› 商务英语学科教师社会体验发展机制

7.1 商务英语教师社会体验发展理论基础

7.1.1 社会学习理论(Social Learning Theory)

社会学习理论是美国著名心理学家班杜拉(A. Bandural)在吸收行为主义心理学、认知心理学、人本主义心理学等诸多学派理论观点与方法基础上提出的学习理论。该理论将认知与行为结合起来,探讨个人的认知、行为与环境因素三者之间的交互作用,强调学习的社会性,在心理学和教育界产生巨大影响。班杜拉的社会学习理论主要包括观察学习、三元交互论、自我调节、自我效能等内容。

1)观察学习

传统的认知学派和行为主义学习理论,强调“强化”对学习的作用,将研究的焦点放在直接经验的获得及强化上。而班杜拉在对一系列儿童外部行为进行实验研究之后,发现依靠直接经验获得的任何行为都可以通过观察榜样的行为来获得,通过榜样的替代反应和替代强化也能学会某种行为。由此,班杜拉提出了观察学习的概念。所谓观察学习就是通过观察他人或榜样的行为(这种行为对于观察学习者来说是新的行为),获得示范行为的象征性表象,并引导学习者做出与之相对应的行为的过程(班杜拉,1988)。在班杜拉看来,观察学习不是普通意义的模仿,模仿是学习者对榜样行为的简单复制,而观察学习则是一种较为复杂的学习过程,是从他人的行为及其后果中获得信息,其中可能包含模仿,也可能不包括模仿。

由此,班杜拉得出个体通过观察他人的行为及其结果进行的间接经验学习是个体学习的有效途径。一般来说,直接经验的学习通常要经过尝试——错误——学习的过程,因而会出现尝试中出现的无效性和错误。而通过观察学习人们可以简化行为获得过程,可以减少不必要的错误的发生,获得大量协调的行为模式,避免错误的尝试行为模式。因为"如果人们依靠他们自身行动的效果告诉他们该做什么的话,那么且不说学习是危险的,也将是极其吃力的"(班杜拉,1988)。

观察学习是班杜拉社会学习理论的一个基本概念,是人类学习的一个重要途径,它可以尽量避免尝试错误及暗中摸索的过程,从而缩短学习的过程,让学习变得更加高效。观察学习由注意过程、保持过程、复现过程和动机过程组成。

注意过程是观察学习的起始环节,注意过程决定了个体在大量繁杂的示范榜样表征中选择什么来进行观察以及怎样进行观察。选择性注意在观察学习中起着关键作用,决定着从正在进行的示范事件中抽取哪些信息。在各种决定注意因素当中,某些因素对观察者的注意产生比较特殊的影响,吸引观察者花费更多的精力去注意,如示范原型的特点、观察者本身特点、人际关系结构特征等。

保持过程是指在记忆里以符号的形式再现注意过程的反应模式。示范原型不再出现,示范信息的瞬时性要求观察者将示范行为加以改组、分类,组织成容易记忆的符号化反应模式,再加以复习,从而牢固记住他们观察到的示范行为及其反应模式,使延期仿效成为可能。

行动复现过程是指在注意并保持过程以后行为的重现过程。行动复现过程主要包括行动的认知组织、实际行动和行动监控。行动的认知组织就是将保持中的行动观念选择出来加以组织。实际行动就是将认知组织的行动表现出来。行动监控是对实际行动的观察和纠正,它分为自我监控和他人监控。复现过程是观察学习的核心环节。

动机过程是指学习者接受示范行为是有目的行为,只有学习者认为对其有价值的行为才能促使他模仿并复现这种行为。动机来自过去别人和自己在类似行为上受到的强化。班杜拉把强化分为直接强化、替代强化和自我强化三种。直接强化是通过外界因素对学习者的行为直接进行干预;替代强化是个体学习者看到他人成功受到赞扬或失败受到惩罚的行为,就会增强或抑制产生同样行为的倾向;自我强化是行为达到自己设定的标准,维持自己的行为的过程(班杜拉,1988)。

2）三元交互论

班杜拉的三元交互理论中的三元是指社会学习中的行为、人的认知和环境三个因素。其中人的主体因素是指作为行为主体的人所拥有的各种生物的、社会的及心理的特征或能力,特别表现为感知、记忆、思维、表象、信息、期待等心理能力,这些能力具体包括符号化能力、替代学习能力、预见能力、自我调节能力和自我反省能力。

三元交互论认为在社会学习中,行为、人的认知、环境三者彼此相互联结、相互决定,这一过程涉及三个因素的交互作用,而不是各因素之间的单向作用。行为和环境条件作为交互决定的因素而起作用;人的认知因素(观念、信仰、自我知觉)和行为同样是彼此交互决定的因素,这三者是密切相联、互为因果的。也就是说,在环境、行为以及人的因素这三者之间,每二者都具有双向的相互决定关系,从而构成个体人的机能活动的三元交互决定系统。不同情况下,行为、人的认知和环境三个因素都可能在交互链中起决定性的作用,但是在大多数情况下,这三个因素互相关联,互为因果,共同对社会学习发生作用。

3) 自我调节论

班杜拉认为自我调节是个人的内在强化过程,是个体通过将自己对行为的计划和预期与行为的现实成果加以对比和评价,来调节自己的行为的过程。自我调节由自我观察、自我判断和自我反应三个过程组成。自我观察是指人们根据各种标准对自己的行为做出评价。这种评价对行为既有积极影响也有消极作用。自我观察目的在于提供必要的信息,以确定符合现实行为的标准和评价正在进行变化的行为以及通过对一个人的思维模式和行为的加倍注意,促进自我指导的发展。自我判断是指人们在行动之前为自己确定一个目标,并以此来判断和评定自己的行为与标准之间的差距,自我判断的核心是目标的确立。自我反应是指个人对自己的某种行为做出评价后产生的自我肯定、自我满足、自我否定、自我批评、自怨自艾等情感反应。自我反应是个人满足兴趣和自尊发展的重要和持久的基础。总之。自我调节论强调人的心理的主观能动作用,表明人具有理性认知的能力,能合理地控制和调节自己的行为。

4）自我效能理论

班杜拉的自我效能感是指人们关于自己能否控制其生活的环境等的信念。自我效能预期对活动和场合的选择以及个人努力程度都产生巨大影响。通过大量研究，班杜拉得出自我效能的形成主要受四种因素的影响，它们分别为成败经验、替代性经验、言语劝说、情绪和生理状态。①过往的成功经验为个体提供判断与构成自我效能的信息，是自我效能感形成的重要前提。它使个体对自己的能力充满信心，自我效能感较高。而多次的失败教训则会使个体降低对自己能力的评估，丧失信心。②替代性经验，或称间接经验，是指学习和社会生活中很多知识经验不是通过亲身实践，而是通过对别人行为的观察与模仿而获得的。这种通过观察他人行为而获得的替代性经验，对自我效能的形成有巨大影响。个体观察到与自己能力、水平相似的人获得成功，则会增强自信心，提高自我效能感；个体看到一个与自己能力相当的人，虽然付出了很大的努力仍失败时，他就会降低自我效能感，认为自己也没有成功的机会。③言语劝说主要包括他人的暗示、建议、劝告等，通过接受他人认为自己具有完成某一任务的能力的言语鼓励而提高自己的效能。言语劝说是否能发挥作用主要依赖于劝说者的声望、地位以及是否切合实际。但是言语劝说与个体自身的经验联系不大，对自我效能影响力也不大，经劝说形成的自我效能感，在面临困境时比较容易消失。④情绪和生理状态也是自我效能的影响因素。个体在面临某项任务时，情绪稳定，生理状态良好，则会平静、自信，镇定自若完成任务。如果情绪不稳，焦虑不安，则会不自信，怀疑自己完成任务的能力。

班杜拉的社会学习理论将认知、行为环境结合起来，统筹考虑信息加工和信息强化等因素阐述学习的机制，开创了学习研究的新视野,对商务英语学科教师专业发展机制构建具有较大的启示和指导意义。

7.1.2 体验学习理论

体验学习思想源远流长。早在我国古代时期,中国的教育思想中,就有对体验学习的萌芽论述。从孔子曾对学与思的辨证关系的认识,到《中庸》中的“博学之,审问之,慎思之,明辨之,笃行之”,再到荀子关于“闻”、“见”、“知”、“行”的论证,反映了体验学习的思想萌芽,而宋代朱熹的“切己体察”则反映了体验学习的精神。

在西方,体验学习理论的发展基于皮亚杰(J. Piaget)的建构主义和杜威的经验学习。建构主义认为,思维是动作的内化、体验、观察、反思及行动构成的连续性发展过程。学习是一个意义建构的过程,是学习者在原有知识经验的基础上,在一定的社会文化环境中,主动对信息加工处理,对新旧经验的相互作用来形成和丰富自己的经验结构的过程。具体来说,学习过程包含两个建构:一是对新信息的意义的建构,二是对原有经验的改造和重组。学习的关键是一个依赖于相互作用的过程,其中融合了内部经验图式的顺应过程和外部事件与经验同化到已有观念或图式的过程。

美国著名教育家杜威(J. Dewey)主张将各种经验融入传统的教育形态中,认为学习是对经验不断的改造与重组的过程,应将各种经验融入传统教育形态之中。要获得真知,学习者必须借助真实的实践活动,从经验中积累知识,这就是他所提倡的“从做中学”理论。其后,勒温(K. Lewin)在杜威经验学习基础上,将学习视为“经验”与“场地”间的密切结合,关注经验学习中的学习场地和学习行动(学习情境),主张学习的最佳环境就是情境中立即的、具体的经验和分析的、超然的概念间产生对话性的紧张与冲突,也只有从当下的具体经验开始,透过观察的行动,形成概念和类化,并迁移到新的情境中验证其有效性,学习方能真正发生在学习者身上。

真正将体验学习构建出完整的理论框架和体系的是美国凯斯西储大学的组织行为学教授库伯(D. Kolb)。在其1984年出版的《体验学习:让体验成为学习和发展的源泉》(Experiential Learning: Experience as the Source of Learning and Development)一书中,库伯从哲学、心理学、生理学等多个学科对体验学习做了系统的研究,提出学习是"通过经验的转换创造知识的过程",体验学习是连接个人发展、教育和工作的纽带,并提出体验学习过程是由四个适应性学习阶段构成的体验学习圈(Experiential Learning Cycle),包括具体经验、反思观察、抽象概括和行动应用(库伯,2008),同时,提出体验学习由具体体验、反思内省、归纳及应用并再回到体验所组成的"体验学习圈"。具体体验过程中,学习者首先通过自己的行动在实践中获得具体体验;然后,进行反思下的观察,对体验到的内容进行思考;接下来,进行抽象和概括,将反思的结果形成某种抽象概念或理论;最后将抽象的理论和概念应用到新的行动和实践中验证效果,完成一个完整的循环的体验学习圈的学习。四个过程循环往复,在实践中表现为一个螺旋式上升的过程。同时,基于体验学习圈,库伯还创造性地论证了体验学习的四种基本方式,即辐合式、发散式、同化式和顺应式的学习方式。

库伯的体验学习理论倡导以学习者体验为基础,注重反思观察与实践语用的学习观,其学习模式提供了理解个人学习模式的途径,对商务英语教师教学和研究都具有很大的启示意义。

首先,体验学习理论运用到商务英语教师的教学实践中,教师要对体验学习的基本理念和基本特征有深刻的把握和理解,这是运用体验学习观点达成教育教学目的的首要前提,是教师进行有效课堂教学的重要保证,也是教师自我专业发展的一个通道。同时,教师也是学习主体,商务英语教学特征与目标定位在知识与技能、过程与方法、情感、态度和价值观的三个维度上,教师需要通过亲身经历和体验获得商务英语知识,也能获得对事物或问题的真切感受,并生成目标意义下的学习活动。特别是国际商务实践知识与能力的获得,需要教师不断地在具体场景中体验和实践。第二,体验学习理论,商务英语教师帮助学生转变传统的学习方式,使学生认识到学习活动既是体验的学习过程,又是创造知识的过程。学生用自己的心智去感受、体验,从而把一个生疏的、外在的对象,变成可认知的、可交流的,甚至是融于心智的感悟,使之真正成为教育意义下的成长。第三、体验学习理论还有助于商务英语教师重新审视和分析教学任务,商务英语教学内容不仅仅是书本知识,而且也是学生的个体经验和情感体验及人格因素。所以,教学方式不仅仅是知识的传授,而是通过各种不同形式的自主学习、探究活动、教学交流等丰富和创设体验学习的生态环境;教学水平不仅仅是简单的记忆、模仿和练习,更重要的是要站在深层次的、解释性和探究性的理解上。第四,体验学习促使商务英语教师重构学习含义,使教师的教学设计融入新的出发点和落脚点,重在抓住体验学习的基本特征,使其渗透到教学课堂惯用的案例教学、情境教学、任务教学等中去,是商务英语教师在体验学习理论指导下有效引导和组织教学的创新点。

体验学习理论顺应了商务英语教师建构实践取向的教师教

育理论的潮流,而体验学习理论为商务英语教师的实践能力的培养提供了一个良好的理论支撑与操作指南。

7.2　商务英语教师社会体验发展概念与特征

班杜拉提出依靠直接经验获得的任何行为可以通过观察榜样的行为来获得,通过榜样的替代反应和替代强化也能学会某种行为,强调观察榜样的学习。库伯的体验学习理论在认为学习是学习者"通过经验的转换创造知识的过程"。根据上述两个理论,我们构建商务英语教师社会体验的专业发展机制。

商务英语教师的社会体验展业发展机制就是指商务英语教师通过亲身的间接观察和直接体验,而进行专业发展的过程。其特点如下。

1) 间接经验与直接经验相结合

商务英语教师的社会体验学习基于社会学习理论和体验学习理论,既强调观察榜样行为,又强调自身亲自参与活动的体验,通过观察与体验相结合,促进学习的成功。换言之,商务英语教师社会体验通过学习直接经验和间接经验,获得知识与能力的提升与发展。

首先,商务英语教师个体在社会实践中亲身经历,亲身体会,亲身感受,亲身感悟,从自身参与活动的积极或消极两个方面的结果及其经验教训中学习。商务英语教师的亲身体验强调的是商务英语教师亲自参加国际商务活动,亲身参与国际商务沟通交流,从而获得深刻的感想和体会。或者亲自参加课堂活动,从而获得一定的亲身感受、亲身感悟,获得一手的直接经验。亲身体验能够极大地激发和丰富教师的感性认识,从而将感性知识与已有的理性知识相结合,获得认识的升华。其次,商务英语教师在社会实践中,亦即观察学习的情境中,观察国际商务从业人员的行为,并对其行为信息进行认知加工,形成示范行为的符号表征,从而习得他们的行为方式方法,或者矫正教师已经具有的某些行为,获得知识增长与能力的提高。

商务英语教师将直接的体验经验与间接经验的观察结合起来,将直接经验与间接经验相结合,既从间接经验习得,又从直接经验学习,两者相互补充,互相融合,获得国际商务交流与沟通的知识与能力,全面促进商务英语教师的专业发展。

2）主体参与的体验与社会学习

商务英语教师的社会体验发展强调观察与体验,而观察与体验的主题是教师。无论是间接观察,还是直接体验都需要商务英语教师的主体参与和感悟。没有主体的情感感受和情感投入,体验就无从谈起;没有主体的积极参与,感悟和习得就无法进行。因此,为了实现社会体验式的专业发展,商务英语教师就必须充分发挥主体的主动性、积极性和创造性,充分参与商务英语教学实践和社会实践中去。主体参与具体表现在教师的亲自策划、亲身行动,进行观察、认知、体验、自我反思和自我调节。

3）动态生成的体验与社会学习

商务英语教师参与观察和体验是动态生成的过程。所谓动态生成的体验与观察是指商务英语教师在社会实践和教学实践活动中,根据实际学习的情况,灵活地调整其观察和体验内容与过程,生成习得与学习和发展过程。随着商务英语教学实践和社会实践的是情景的变化,商务英语教师应调整或重新设定自己的行为标准,并为这个目标而努力。商务英语教师通过社会体验和观察,其学习处在动态和不断生成的过程中。在这个过程中,动态生成的不仅仅是商务英语教师的专业知识与能力和综合素质，更重要的是生成商务英语教师的专业信念、专业情感和专业性向，从而推动商务英语教师专业的全面发展。

4）策略性导向的体验与社会学习

策略性导向的体验与社会学习中的“策略”是指商务英语教师在观察和体验融合式学习时，需要一定的策略来保障其学习的顺利进行。班杜拉强调社会学习中的行为、认知、环境的相互作用，提出观察学习的策略需要有注意过程、保持过程、运动复现过程和动机过程四个步骤的策略。体验学习理论主张引导学习者对学习内容建立一种能产生直接后果的经验。这一模式通过学习者对自己经验的反思，在这些相关的学习环境里获得知识、应用知识、发展技能和情感，以期发展其新技能、新态度、新理念，以及新的思维方法。体验学习理论强调学习者直接接触需要学习的内容，亲自实践和体验。科尔伯的体验学习包括通过体验获得具体的经验，再经过反思性观察与理解形成抽象概念，然后去积极实践，通过行为改造和意识改造再形成新的反思性观察的策略方法。

麦金泰尔（MacIntyre，1996））和诺埃尔（Noels，2000）认为，学习策略有助于对学习过程的理解掌握，可以减少习得者学习中的困惑和焦虑，保持其学习热情和动力，或者改善学习态度，提高学习动力。商务英语教师专业发展的社会体验机制是一种策略性的发展手段，商务英语教师只有正确掌握社会学习理论的观察策略与体验学习理论的体验策略，才能实现其社会体验学习发展的有效性。

5）基于互动的体验与社会学习

商务英语教师的社会体验学习是多方相互作用、相互影响的过程。无论是商务英语教师对这些经验的观察学习,还是商务英语教师的体验式的学习都离不开互动活动。商务英语语言本身就是互动的,既有人际互动交流,也有人和机器的互动交流,同时,商务活动的实践本身也是互动和人际交流的互动过程。因此,商务英语教师的体验与社会学习不是个人的独自学习与观察,它在教师与被观察学习者,以及教师在商务实践中,与活动参加者之间的互动中得以实现。例如,观察学习中的注意过程、保持过程、运动复现过程和动机过程,都需要商务英语教师与被观察者的互相作用,互相影响,通过不断互动,教师从他人的行为及后果中获得信息,从而学会某种商务沟通行为。同样,在体验学习的具体体验、反思观察、抽象概括、行动应用中,也需要教师与教师、教师与被观察者、教师与学生等方面的配合与互动,才能有效完成体验学习的过程。

同时,将体验与观察连为一体,既强调直接经验,又强调间接经验,寓直接经验与间接经验为一体的体验与社会学习,更注重其过程中的互动性,充分利用和有效发挥体验与观察学习中各方面的力量,完成体验与社会学习,从而提升教师的理论水平和实践能力。

7.3 商务英语教师社会体验发展方式

商务英语教师社会体验专业发展强调观察模仿与认知体验,有多种形式,包括国内外国际商务企业、单位实践活动、国内外大学进修实践活动和校内、校际交流活动。

7.3.1 国内外国际商务一线实践

国内外国际商务实践活动是指商务英语教师到国际商务一

线企业、单位进行专业实践，通过观察习得和体验学习，扩充相关行业的背景知识，增强国际商务英语交际沟通能力和国际商务行为能力。商务英语教师社会体验发展机制重视教育、工作和个人发展之间建立重要联系，重视课堂和"真实世界"之间的联系。商务英语是应用型学科，它要求其教师具备基本的国际商务行业沟通与交流的综合能力。这种能力不仅是从书本中学习，而需要从专业实践中获取。教师在商务实践中通过直接经验和间接经验，获得商务英语综合能力提升，并把国际商务行业的相关专业实践能力融入到学校的教学中，通过理论与实践相结合的教学促进学生的商务英语综合能力提高。

因此，在具有较扎实的商务知识基础上，商务英语教师通过深入国际商务企业、单位，可以深入了解国际商务各行业的运作模式、企业文化、行政管理模式、发展现状和发展趋势，在教学中及时补充新的国际商务知识与信息；了解商务英语职业岗位对其培养人才的规格的要求，对课程和授课内容进行有针对性的调整，使商务英语专业建设、课程建设及教学改革有更为明确的方向和目标。

具体来说，在学校或二级学院的安排下，也可通过自主安排，商务英语教师在假期或学期间，深入国际商务一线、单位，进行实地考察和学习。通过观察国际商务企业、单位等从业人员的榜样，见习习得，进行替代学习，获得商务英语的知识与能力的提高。再者，商务英语教师亲自参与新技术培训，亲自体验，现场考察或进行技术服务等。在实践工作中通过观察和榜样学习，不断地积累经验，丰富知识，有计划地提高商务英语专业技能和实践动手能力。例如，教师可以根据自身专业发展不同需要和不同兴趣，选择外贸企业或有对外业务的企业以及合资企业等。通过实习,教师可以了解诸如国际商务流程,国际企业管理等方面的知识,并在商务实践中学习和提高国际商务沟通与交流的综合能力。同时,商务英语教师在企业中参与课题、项目开发,开展产学研,也可以教师带着课题深入一线企业,在体验实践中分析问题、解决问题。

商务英语教师国际商务实践活动的场所可以是国内的与学校建立的商务英语教学合作实习基地。商务英语教师可以分批到合作的实训基地单位,如进出口公司、外资企业、海关、国际货运公司、跨国公司等地学习和实践,丰富自己的商务知识,提高商务操作技能,促进自身专业提升与发展。

同时,商务英语教师的商务实践活动也可以在海外国际商务一线场所进行。通过学校组织到国外国际商务部门的跨国企业等单位进行实践活动,了解国际商务英语发展动态,引进先进理念,补充与完善其知识与能力结构。

商务英语教师在国际商务企业的实践不仅能增加与商务企业沟通、接触的机会,增加商务英语教师的感性认识和理性体验的机会,有利于提升商务英语教师的商务跨文化意识,提高商务英语应用能力和实践能力,为商务英语综合能力的持续、不断发展奠定良好的基础。同时,商务英语教师定期深入国际商务英语一线部门,把商务行业和技术领域的最新成果引入课堂教学,有针对性地调整课程和授课内容,促进专业建设、课程建设和教学改革,促进专业发展,推动商务英语学科建设。

此外,学校或二级学院也可邀请国际商务企业界的专家、人员来校教授商务英语实践课,通过商务英语教师与专家的共同授课与相互交流,使国际商务新的思想、新的工作方式注入到商务英语的课堂教学中来。

7.3.2 国内外高校进修

商务英语教师根据学校安排和个人发展情况，到国内外高校、大学进修，通过观察学习和体验学习，可以获得专业知识、能力与情意的提升，从而促进商务英语教师专业发展。

(1) 商务英语教师可以通过在国内重点或具有商务英语办学特色的高校进修，进行观察体验学习，获得专业提升和发展。

改革开放后根据我国教育形势发展的需要，教育部制定了高层次人才立足国内培养的重要措施，许多重点高等院校根据教育部精神都设置了接收高校教师进修的项目。特别是进入 21 世纪以来，更多的重点高校开设大学教师进修课程。普通院校、地方高校、师范专科和其他高等专科学校的绝大多数教师，通过在重点高校进修，视野得到开阔，思维得到拓展，教学水平、科研能力和综合素质得到了提高和加强。

目前商务英语专业开办在我国蔚为壮观，从最早 2007 年的中国对外经贸大学等几所大学，发展至今一百多所。各学校的商务英语专业发展情况由于学校背景、师资力量、办学特色等的不同，其商务英语专业办学水平也有较大差距。其二，商务英语学科与社会经济发展密切相关，是一门不断发展的学科，其教师也需要通过进修，更新自己知识结构，才能满足学生求知的需要。为满足商务英语教学对师资的需要，商务英语教师可以根据自己的知识背景和开设课程需要，赴其他高校单科进修或旁听相关课程。这类方式具有针对性强、时间短的好处。在进修课程同时，商务英语教师通过观察和体验，学习其他高校优秀商务英语教师的教学方法、教学手段，反思自己从事商务英语教育教学实践的不足，从而提升其专业水平和专业情意。

(2) 商务英语教师通过在国外大学进修访问,进行观察、体验学习,获得专业提升与发展。

商务英语教学起源于国外,早在16世纪中叶,欧洲资本主义萌芽时期,各国间的商业活动频繁加剧,需要大量的通晓商务英语的人才,商务英语教学应运而生(Picket,1989;Dudley - Evans & John, 1998)。自此,由于商务英语在国际商务活动中的重要作用,商务英语教学一直受到重视,在国外一直持续不断地发展。因此,国外大学,特别是英语国家的商务英语教学积累了丰富教学实践和教学经验,包括商务英语课程教学方法、教学模式、教学手段、教材开发、师资培训、教学管理、测试与评估等。国外成熟商务英语的教学经验是商务英语教师观察、体验、借鉴学习的榜样。例如,商务英语教师根据下学期拟开课情况,赴国外高校专门学习某门商务英语课程,如商务导论、国际物流英语、商务跨文化交际、国际商务沟通等。教师通过观察学习、体验学习,进行该门课的专项进修,回来后直接教授商务英语专业这门课。再如,教师对国外大学商务英语教学进行考察和访问,了解英语国家商务英语教学与研究的发展状况,与国际接轨,直接将国外的先进教学理念、教学内容、教学模式、教学方法带到自己的课堂上和教学研究中。

同时,商务英语教师进入国外大学学习,感受国际商务文化,感受异域文化风情,能够开阔教师的国际化视野,从而使教师在思想、知识、技能方面具有较强能力,对本国和对世界有充足的了解,提高其在国内和国际上的竞争能力。

在国内外高校进修学习是商务英语教师专业发展的重要途径。在实施国内外进修学习时,应注重几个问题,以保证其学习的有效进行。

首先,不管是国内高校进修学习,还是国外高校的考察、访问,商务英语教师都应具有明确的主题性。这个主题包括两个层面的意义:一是商务英语学科对其教师的能力素质要求;二是商务英语教师自身需要面对的教育教学问题。主题是商务英语教师国内外高校进修活动的核心,只有进修学习真正反映学科需要与教师需求,才能真正激发教师学习的积极性,使观察与体验学习具有主动性,提高进修学习的针对性、准确性,减少进修的盲目性,从而提升进修学习的综合效益,带动商务英语教育教学水平和学术水平的迅速提高。

第二,商务英语教师的进修学习应注重观察与体验的中的亲历性。在进修学习中,商务英语教师亲身观察,亲自实践和亲自体验。在这一过程中,教师运用各种感官参与学习活动,为其知识的建构、能力的提升以及态度和情意的转变提供多条途径。在充分观察和真正经历之后,教师才能学得更快,掌握得更好。

第三,商务英语教师国内外进修应注重对观察与体验的反思。知识通过反思才能被学习者真正掌握,才能把当前的学习内容与已有的知识结构联系起来。商务英语教师在国内外高校进修学习不是学历进修,而是以教师的身份参加,以提升教学水平为目标。作为成人的商务英语教师具有较强的逻辑思维能力,他们能更好地把握事物的本质和内在联系,能更好地对事物进行比较和概括。在观察、体验的基础上,商务英语教师积极反思,主动地观察、思考、体验,而不是被动地接受。商务英语教师在原有知识经验的基础上,通过联想、比较和思考等心理活动来理解新的学习内容,通过对课程的学习或是对教学的课堂观察,将知识学习、技能学习等融为一体,从而推进其知识与能力发展。

7.3.3 校际校内交流

校际、校内交流学习是一种优质教育资源共享的良好方式，是教师取得实效性的学习方法。国内外开设商务英语专业和课程的高校在课程教学、办学风格、教学管理、师资队伍等方面都各存差异，各具特色。这为商务英语教师学习和借鉴提供了宝贵资源。同时，学校内部开设的与商务英语学科交叉的学科，如财经大学里的经济学科、管理学科等，也是组织校内交流的良好资源。进行校内交流时，教师学习省时省力，简单易行，具有近水楼台、事半功倍的效果。总之，在校际间和校内的交流中，教师通过观察、借鉴别人的成功经验，取长补短，可实现专业水平和专业能力的提高与升华。

校际交流包括国内高校商务英语专业教师之间的交流和国际高校商务英语教师之间的交流。校际交流可以是听课、评课；也可以是实地见习互访，参观考察；也可以围绕某一主题进行探讨。

商务英语教师赴国内外院校进行专项的学习、考察、调研和访问，通过观察学习，商务英语教师借鉴国内外的商务英语教学经验，找到自身的不足，学习别人的优势，以达到取长补短、提高商务英语教师教育水平的目的。

商务英语是一门交叉性新型学科，涉及语言学、心理学、社会学、经济学、管理学、法学、教育学、计算机科学等。每一所开设商务英语专业的高校，其学科设置背景不同。但不管怎样不同，都有一些与商务英语学科所交叉的那些学科，这是商务英语教师可以利用的宝贵、便利的资源。商务英语教师可以通过到与商务英语学科相关的其他院系听课、调查、访问等手段，进行观察、体验学习，弥补和完善其商务英语知识结构，实现商务英语交叉学科的交融。如，商务知识薄弱的教师可去国际贸易系、经济系、管理系等听课、进修，通过学习和进修，获取国际商务英语学科教学所需的跨学科知识。而英语比较薄弱的教师可去学校的外国语学院或英语系进一步提高英语语言能力，尤其是口语交际水平。

校际校内交流是促进商务英语教师专业发展的重要途径。在实施校际校内交流时，应注意以下问题。

首先，商务英语教师进行校际交流和校内交流时，应整体与局部相结合，既注重商务英语教育教学管理，也重视商务英语微观的具体教学与课程的交流。只有对其他院校的商务英语教学从宏观到微观进行实地的考察、访问、学习，才能对交流院校的商务英语办学情况有全面了解，从而使观察和体验学习落到实处。

其次，商务英语教师进行校际、校内交流时，应既重视参观考察式的交流，又重视观摩研讨式的交流，通过各种形式，如走进课堂、集体备课、课题研究、课程开发、学科竞赛、论文撰写、实验教学、第二课堂、成绩评价等，取得所需的经验，虚心听取他校同仁对其经验作系统、深刻的介绍，认真观察，充分体验，与对方形成研磨互动，从而提高对商务英语专业的认识，提高专业教学水平。

第三，商务英语教师进行校际、校内交流时，还应既重视“走出去”的交流，又重视“请进来”的交流。“走出去”可以获取校际交流时的直观感受，以形象、生动而取胜。“请进来”可以通过交流，获得全面、深刻、细致的理性认识。学校“请进来”、“走出去”都是根据自身的需要而做出安排，具有主动性、针对性和实效性，可提高教师的专业认识和专业能力水平。

7.3.4　以老带新制

商务英语教师社会体验发展机制注重教师从间接经验和直

接经验中学习，将直接经验学习和间接经验学习融为一体。商务英语教师以老带新学习强调从导师间接经验学习和自身体验的直接经验中学习，是商务英语教师专业发展的有效途径。

商务英语教师以老带新的学习方式是一种传统的"师傅带徒弟"的方式，是指富有经验的资深商务英语教师发挥"传、帮、带"作用，充分发挥老教师熟悉商务英语教育教学特点、学校的教育理念等的优势，从教学模式、教学方法、教学技巧和学生学习引导上指导新教师尽快熟悉商务英语教学，从各方面加快成长的方法。

商务英语教师以老带新过程中，新教师深入导师的教学、研究过程中，全方位观察其教学、科研活动过程。新教师通过观察，从老教师身上学习间接经验，具体来说，通过言语师范、表征示范和抽象示范等，从间接经验中获得规范的教学行为。与此同时，在老教师指导下，进行体验学习，体验教学，获取直接经验，从而获得专业知识、专业技能和专业素质的提高。

应注意，商务英语教师以老带新，还要发挥新教师优点，通过以老带新互补共进。新教师要尊重老教师，虚心向老教师学习备课方法、申报科研课题以及写论文的方法与技巧，使自己尽快成长，尽快熟悉商务英语教育教学，向着成熟商务英语教师标准努力。而在这个知识经济和技术时代，刚参加教育工作的商务英语新教师由于其精力充沛，接受能力强，而经常观点超前，掌握新技术快，了解新信息多，尤其是新教师掌握的新知识和技术，以及计算机技术相对更与时代要求相适应。因此，新教师的这些优势也值得老教师学习，以弥补自己的不足。

总之，老教师对新教师指导，提高新教师的教学主动性和积极性及教学能力，新教师在商务英语教学理念与模式方法上向老教师学习,尽快全面提高。老教师在这一过程中也学习新教师所长,互取所长,互相促进,形成一个共同发展与进步的良好机制。

7.4 商务英语教师社会体验发展促进策略

1）善于观察和总结榜样经验

良好观察和总结榜样经验的习惯是学习者分析和看出观察对象特征和本质,促进知识和生活经验的积累的前提。商务英语教师社会体验发展要求教师具有善于观察的良好学习习惯和意识。一切科学实验、新的发现都是在周密、精确、系统的观察基础上实现的,教师应将感知事物的过程以及认识世界和改造世界的过程建立在观察基础之上,养成积极总结和借鉴合理的榜样经验习惯。众所周知,经验具有两重性,既有可能促进学习,也有可能阻碍学习,所以商务英语教师应当善于总结并正确评价榜样经验在学习中的作用,分析已有经验并决定其取舍。也就是说,商务英语教师在观察学习中应重视榜样经验的总结,并学会“扬弃”,在总结的基础上保留现有经验中正确、合理的部分,抛弃其陈旧的、过时的和错误的部分。只有掌握这种良好的学习方法,辩证地对待榜样经验,恰当地发挥其积极作用,才能提高教师的观察学习的效率。

2）树立正确的自我效能观

正确的自我效能观使学习者正确估计自己的水平与能力,从而树立长远的以提高自己的个人能力为目的的学习动机。商务英语教师确立正确的效能观。有了长远的自我效能观,商务英语教师就会在学习中表现得积极主动,在学习中既注意掌握某种知识与技能,又注意将精力转移到掌握学习方法、学习技巧上,自己能够不断掌握新知识新技术的方法。既要学会又要会学。学会学习是一个人自身素质提高的显著标志,也是不断地认识自我、完善自我、开发自我、提高自我、更大限度地实现自我价值的前提条件。商务英语教师有了正确的自我效能观,就会真正地从思想和行动上去掌握新知识、新技术、新理论、新工艺,以应对不断发展变化着的世界。

3）遵循实践知识获得的规律

体验哲学的学习观认为,学习者要想完成对所学知识的意义建构,最好的办法是到真实环境中去体验、去感受。实践体验与理论教育是相辅相成的。实践是体验教育的关键环节。学科教学具有很多实践性知识,这些知识不是一次性地获得,是需要反复积累,需要教师在一定的学习情境和个人原有知识、经验、心理结构以及信念的基础上,借助他人的帮助,利用必要的学习资源和建构工具,通过主体主动建构的方式而获得的(吴义昌,2007)。

商务英语实践性知识不仅来源于商务英语教学实践,还来自于教师的个人经历、领悟、同行之间的交流合作。实践性知识的获得需要社会体验机制所强调的观察、经历、体验、反思、实践等环节。在此过程中所形成的观念在新情境中加以检验才能克服经验中的不足之处,或者巩固经验中的合理之处。同时,新的情境又会使经验思维更具灵活性,并不断循环、不断体验,直至达到目标。体验是需要不断外化、不断调节才能够形成的。商务英语教师应按照以反思实践知识获得的规律,进行学习方式的变革,实现内隐知识的巩固、转化、修正,并从具体教学和具体社会实践中,逐步积累其实践性知识,提高其商务英语教育教学能力和商务英语综合能力。

4）观察与体验融为一体

班杜拉认为,个体、行为、环境三者之间的活动一旦启动,个体的主题因素便会自然参与到互动活动中去,发挥举足轻重的作用(Badura, 1977)。

体验学习认为,有效学习应重视教育过程与学习者原有的观念和理论连接,并且设法去检验这些观念和理论,然后再使用新的、更精确的观念与个人的原有观念系统相结合。商务英语教师社会体验学习发展机制将观察与体验结合起来,强调学习中对以往的经验的迁移,因而学习中教师需要转化已有的理解,并把这种理解运用到新的情境中。因此,在社会体验发展机制中,商务英语教师应充分地挖掘学习者的已有经验,包括其生活经历、学习经历、受教经历及重要事件等,并将过去的经验与当下的观察、体验相结合。例如,商务英语新教师常常受其以前的老师的影响,这些经历也正是他们在学习中需要处理或修正的原有经验,自觉不自觉地仿效他的老师和同行。值得注意的是,在观察体验中,商务英语教师反思在观察与体验中起着重要媒介桥梁作用。知识更新是一个持续进行的过程,教师需要不断地利用反思手段,进行观察、体验。在不断地"做"教师的过程中,成为教师,在不断地体验中,获得智慧的成长,实现知识、能力的不断提升与发展。

5) 建立产学研交流机制

商务英语学科是社会经济发展的产物,它与社会经济等领域密切相关。在市场经济的前提下,商务英语教育教学与企业合作,企业为商务英语学科提供研究和人才开发的利用资源。商务英语教师与产业、学校、科研机构等相互配合,发挥各自优势,形成强大的研究、开发、生产一体化的先进系统。产学研相结合是促进知识相互交流、相互扩散和相互集成,推动知识和能力提高和创造的过程。

“产”为商务英语教师的观察体验提供了实践应用场所，同时也为知识的创造和能力的提高提供了实践锻炼环境；“学”为商务英语教师提供了知识不断更新，能力不断提高的途径，使教师对商务英语人才培养能更加适应社会企业的需求，以高素质的专业人才来完成对行业内的转型需求。“研”为商务英语教师的知识学习和知识创造提供了动力。借助社会企业的良好平台及资源，科研机构在技术上开发的同时完成对研究方向的规划，研究成果将推动企业以及行业的整体发展。商务英语教师通过产学研相结合，在观察和体验的基础上，不断地创造出新知识、新技术。在产学研过程中，教师又能使这些知识和技能得到实践的检验，保证知识的不断形成和积累。商务英语教师的观察和体验学习可通过设立共同研究项目等形式，通过教师与企业方共同参与项目，将理论、个人经验与实践相结合，并通过对新项目的攻关，获得更多的经验及教训，丰富教师的专业知识、锻炼教师的技能，从而获得其专业的提升与发展。

参考文献

Aiken, L. R. 1993. Personality: Theories, Research and Application [M]. Englewood Cliff, NJ: Prentic hall.

Bandura, A. 1986. Social Foundations of Thought in Social Cognitive Theory [M]. Englewood Cliff, NJ: Prenrice Hall.

Bandura, A. 1989. Human Agency in Social Cognitive Theory [J]. American Psychologist(44).

Bandura, A. 1997. Social Learning Theory [M]. Englewood Cliffs, NJ: Prentice Hall.

Dudley-Evans, T. & St John, M. 1998. Developments in ESP [M]. Cambridge: Cambridge University Press.

Dewey, J. 1938. Experience and Education [M]. New York: Collier Books.

Gredler, M. E. 1997. Learning and Instruction: Theory into Practice [M]. Upper Saddler River, NJ: Merri.

Jim Teeters. 2001 . Teaching with Style: A Comprehensive System for Teaching Adults, Published by Redleaf Press.

Kolb, D. 1984. Experiencing Learning: Experience as the Source of Learning and Development [M]. Englewood Cliffs, New Jersey: Prentice Hall.

Lundin, R. W. 1991. Theories and System of Psychology {M}. Lexington, Mass: D. C. Health and Company.

MacIntyre, P. D. & Gardener, R. C. 1994. The Subtle Effects of Language Anxiety on Cognitive Processing in the Second Language Learning [J]. Language Learning.

MacIntyre, P. D. & Charos, C. 1996. Personality Attitudes and Effect as Predictors of Second Language Communication [J]. Journal of Language and Social Psychology.

Noels, K. A. & Pelletier, L. G. 2000. Why Are You Learning a Second Language? Motivational Orientation and Self - determination Theory[J]. Language Learning.

Pickett, D. 1989. The Sleeping Giant: Investigations in Business English International [J].

Rogers, C. R. 1969. Freedom to Learn. Columbus, OH: Charles E. Merrill Publishing Company.

鲍文. 2009. 商务英语学科论[M]. 北京:国防工业出版社.

班杜拉,阿尔伯特. 1988. 社会学习心理学[M]. 长春:吉林教育出版社.

班杜拉. A. 2001. 思想和行动的社会基础[M]. 上海:华东师范大学出版社.

陈琦,刘儒德. 2007. 当代教育心理学[M]. 北京:北京师范大学出版社.

陈向明. 2003. 实践性知识:教师专业发展的知识基础[J]. 北京大学教育评论(1).

成晓光. 2003. 班杜拉的社会虚席理论中的认知因素[J]. 辽宁师范大学学报(6).

戴炜栋,刘春燕. 2004. 学习理论的新发展与外语教学模式的嬗变[J]. 外国语(4).

方红,顾纪鑫. 2002. 简论体验式学习[J]. 高等教育研究(2).

高申春. 1999. 人性辉煌之路——班杜拉的社会学习理论[M]. 武汉:湖北大学出版社.

葛丽芳. 2011. 论“体验”学习理论中的教学相长[J]. 陕西理工大学学报(社会科学版)(5).

姜兆萍,张海滨. 2003. 试论班杜拉的社会学习理论与人的发展[J]. 烟台教育学院学报(6).

巨瑛梅,刘旭东. 2004. 当代国外教学理论[M]. 北京: 教育科学出版社.

库伯. 2008. 体验学习:让体验和学习成为发展的源泉[M]. 王灿明,朱水萍,译. 上海: 华东师范大学出版社.

刘大文,刘颖. 2007. 学习与发展[M]. 北京:人民教育出版社.

荣中逵. 2002. 论班杜拉社会学习理论的现实教育意义[J]. 高教论坛(6).

沈国丰. 2011. 大学生体验式学习过程与方式倾向性研究[J]. 河北师范大学学报(教育科学版)(1).

田红云. 2010. 体验式奇偶学的认识论基础及应用研究[J]. 扬州大学学报(6).

吴义昌. 2007. 国内教师实践性知识研究综述[J]. 上海教育科研(11).

吴志华,柳海民. 2004. 论教师专业能力的养成及高师教育课程的有效教学途径[J]. 教师教育研究(5).

夏纪梅,冯芃芃. 2006. 现代外语教学理念与行动[M]. 北京:高等教育出版社.

严奕峰. 2009. 体验学习圈:体验学习发生的过程机制[J]. 上海教育科研(4).

姚篮. 2003. 试论班杜拉的社会学习理论——观察学习[J]. 遵义师范学院学报(6).

叶浩生. 1994. 论班杜拉观察学习理论的特征及其历史地位[J]. 心理学报(2).

朱水萍. 2009. 反思实践:促进之前教师成长的重要路径[J]. 教育探索(5).